LUIS FERNANDO BAPTISTELLA

CONTRA & INTELIGÊNCIA 4.0

OS CAMINHOS DA ATIVIDADE DE INTELIGÊNCIA PARA A SEGURANÇA CORPORATIVA

Literare Books
INTERNATIONAL
BRASIL · EUROPA · USA · JAPÃO

Presidente:
Mauricio Sita

Vice-presidente:
Alessandra Ksenhuck

Chief Product Officer:
Julyana Rosa

Diretora de projetos:
Gleide Santos

Capa, projeto gráfico e diagramação:
Gabriel Uchima

Foto utilizada na capa:
Kevin Matos (Unsplash)

Revisão:
Ivani Rezende e
Mitiyo Santiago Murayama

Chief Sales Officer:
Claudia Pires

Impressão:
Grafica Printi

Dados Internacionais de Catalogação na Publicação (CIP)
(eDOC BRASIL, Belo Horizonte/MG)

B222c   Baptistella, Luis Fernando.
     Contra & Inteligência 4.0: os caminhos da atividade de inteligência para a segurança corporativa / Luis Fernando Baptistella. – São Paulo, SP: Literare Books International, 2024.
     224 p. : 15,7 x 23 cm

     Inclui bibliografia
     ISBN 978-65-5922-781-5

     1. Empresas – Medidas de segurança. 2. Inteligência competitiva (Administração). I. Título.

                         CDD 658.47

Elaborado por Maurício Amormino Júnior – CRB6/2422

Literare Books International.
Alameda dos Guatás, 102 – Saúde– São Paulo, SP.
CEP 04053-040
Fone: +55 (0**11) 2659-0968
site: www.literarebooks.com.br
e-mail: literare@literarebooks.com.br

MISTO
Papel | Apoiando o manejo
florestal responsável
FSC® C196274

Para Rosana e Juliana, meus alicerces.

"O homem sábio nunca fica indeciso;
o homem benevolente nunca fica aflito;
o homem corajoso nunca tem medo."

Os Analectos de Confúcio

AGRADECIMENTOS

Agradeço primeiramente a Deus por atingir mais esta conquista em minha trajetória profissional e, assim, contribuir com a transmissão de alguns conhecimentos relacionados a um tema instigante e atual.

In memoriam de meu pai, por sempre ter me incentivado para os estudos.

Enunciar tantos amigos e amigas que me auxiliaram ao longo desta caminhada e ainda contribuem com meus aprendizados na Atividade de Inteligência poderia me levar ao erro de omitir nomes. A descrição me aconselha a mantê-los no anonimato, mas tenham a certeza de que ao receberem este livro com a minha dedicatória de punho será o registro de minha eterna gratidão.

Registro o apoio de Gabrielle Ocampo, Inês Restier e Paula Azzar.

Agradeço à Editora Literare Books, na pessoa do senhor Maurício Sita, pelo apoio e orientações que tornaram este projeto uma realidade que agora chega até você, caro leitor.

PREFÁCIO

No atual cenário global de volatilidade e incertezas, onde a compreensão dos conceitos de Inteligência e Contrainteligência se torna cada vez mais crucial para a proteção dos conhecimentos sensíveis das organizações, este livro se destaca como um recurso essencial.

A literatura brasileira, embora rica e diversificada, ainda carece de obras profundas no campo da Atividade de Inteligência, e é neste espaço que este trabalho se insere de maneira tão oportuna.

Nossas experiências na Infinity Safe e na LIT nos permitiram reconhecer a importância e a aplicabilidade dos temas tratados neste livro. No mundo corporativo e acadêmico, nos quais a segurança da informação e a gestão estratégica são de extrema importância, os *insights* oferecidos pelo autor são não apenas relevantes, mas também necessários aos gestores de negócios.

O autor, com uma carreira notável no Setor de Inteligência, traz uma análise que vai além do convencional, combinando sua vasta experiência prática com uma base teórica sólida. Esta conjugação de competências oferece ao leitor uma perspectiva única sobre a aplicação e o desenvolvimento da Inteligência e Contrainteligência em espectro amplo, porém bem contextualizado.

Este livro é uma fusão bem-sucedida entre teoria rigorosa e prática. Ao compartilhar seus conhecimentos e experiências, o autor não apenas informa e exemplifica, mas também convida o leitor a um mergulho profundo de reflexão nesses temas, destacando a relevância do assunto em nosso mundo interconectado.

Ao apresentar esta obra, ressaltamos sua significativa contribuição para enriquecer o debate sobre Inteligência e Contrainteligência no Brasil. Trata-se de uma leitura que lança uma luz nova, abrangente e atual sobre um tema frequentemente mal compreendido, desdobrando-o de maneira acessível e envolvente. Convidamos os leitores, sejam profissionais, acadêmicos ou entusiastas, a explorar esta leitura enriquecedora.

Acreditamos que este livro não apenas ampliará o conhecimento, mas também inspirará um interesse crescente nos campos da Inteligência e Contrainteligência, crucial tanto para o ambiente corporativo quanto para o acadêmico.

Boa leitura nesta jornada de descobertas e aprendizados.

Ricardo Esper
CEO da Infinity Safe

Denis Leal
CEO da LIT

INTRODUÇÃO

A literatura brasileira é relativamente carente de publicações com caráter pedagógico e informativo sobre o tema inteligência, razão pela qual espera-se que, ao término desta jornada, o leitor possa ter uma visão mais clara e desmistificada do assunto.

Tratar sobre a Atividade de Inteligência, cujas especificidades e mais detalhes serão descritos nos próximos capítulos, requer, entretanto, tato, sensibilidade e alguma base histórica e teórica acerca do que orbita em torno de um serviço de inteligência.

A Contrainteligência e a Inteligência formam o que conceitualmente se chama de Atividade de Inteligência, que significa, segundo a Agência Brasileira de Inteligência (ABIN), "o exercício de ações especializadas para obtenção e análise de dados, produção de conhecimentos e proteção de conhecimentos para o país".[1]

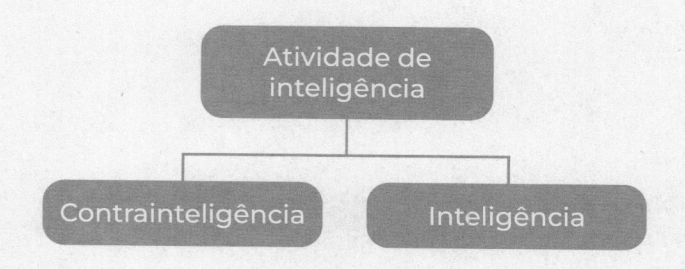

---

1 Disponível em: https://www.gov.br/abin/pt-br/assuntos/inteligencia-e-contrainteligencia. Acesso em: 18 set. 2023.

É comum constatar uma relativa confusão e até mesmo a utilização da palavra inteligência como sinônimo de espionagem por motivo de desconhecimento técnico do assunto. Falar sobre espionagem demanda muito mais tato ainda, pois essencialmente estamos lidando com pessoas, por mais que a tecnologia avance em substituição ao ser humano.

Minha jornada na Atividade de Inteligência começou, em 2007, quando fui convidado, leia-se recrutado, no jargão correto, para servir no Centro de Inteligência da Marinha, em Brasília.

A partir daí, iniciou-se uma jornada ininterrupta de estudos, com a oportunidade de realizar excelentes cursos técnicos, inclusive na ABIN, de tal sorte que eu pudesse me tornar um analista de inteligência.[2]

Em 2009, tive a chance de realizar um curso na Universidade de Defesa Nacional da China que, embora fosse um curso de Comando Militar, com foco na história chinesa, em seu bojo muito se destinou à absorção de mais conhecimentos sobre inteligência com enfoque em geopolítica.

Posteriormente, de volta ao Centro de Inteligência da Marinha, tive a grata experiência de atuar na contrainteligência, o que me permitiu ver "os dois lados da mesma moeda".[3]

Ao redigir estas palavras, entendo como justo fazer um agradecimento à Marinha do Brasil que, ao me designar para o cargo diplomático de Adido Militar, com acreditação no Senegal, Benin e Togo, exercido nos anos de 2016 e 2017, proporcionou uma experiência ímpar

---

2 Nota do autor: o autor, em sua atuação como profissional da Atividade de Inteligência, pratica em seu ambiente de trabalho privado o conceito de inteligência somente com base em fontes abertas (*Open Source Intelligence* – OSINT) e com dados coletados junto a fontes humanas, sem a utilização de técnicas de engenharia social. Ou seja, o autor tem perfil público que deixa claro sua atuação em inteligência e contrainteligência.

3 Mais adiante, o leitor compreenderá a razão dessa expressão.

para melhor compreensão da importância da Atividade de Inteligência no cenário exterior, no que tange aos interesses brasileiros.

Foi no Senegal, no final do ano de 2016, após a leitura do livro *Among Enemies: Counter-Espionage for the Business Traveler,* que surgiu a ideia de um dia atuar como consultor[4] em inteligência e contrainteligência, haja vista que este assunto é, no mínimo, pouco discutido no Brasil, em especial no meio corporativo. Daí para frente, foi uma jornada ininterrupta de preparação, passando pela experiência, não menos desafiadora, de ter sido superintendente da segurança do Porto Organizado de Santos, de março de 2019 a julho de 2020, o que me trouxe ainda mais subsídios e ensinamentos sobre a Atividade de Inteligência e no campo da segurança patrimonial.

Depois de um período de reflexão e relativa hesitação, eu havia percebido que era momento de concretizar aquilo que se diz no ditado popular como sendo uma das três missões que um homem deve fazer em sua existência.

Com a graça de Deus, mais que ter minha querida filha, nessa missão de pai tive a chance de educá-la e ajudá-la a enfrentar os desafios da vida. Minha filha é uma fonte de inspiração para mim.

Durante a permanência na cidade de Dakar, em meio à *"teranga"*[5], convivi com a linda natureza da África Ocidental repleta de cores, músicas e odores e, mais importante, com cidadãos senegaleses que guardo no coração e na memória.

---

4 Em novembro de 2020, o projeto de consultoria foi concretizado com o lançamento da Bravus Consultoria.

5 *Teranga* é uma palavra derivada do *woolof*, língua nativa da região do Senegal, que significa a aceitação do outro indivíduo, a harmonia para conviver e a hospitalidade do povo senegalês.

Uma dessas belezas africanas é o "*baobab*", uma árvore cuja lenda diz que era muito orgulhosa, muito vaidosa, e por conta disso os deuses resolveram puni-la, fazendo-a nascer de forma invertida, com as raízes para cima e sem folhagem.

No período da seca, nà África, o *baobab* perde todas as suas folhas e fica com uma aparência de árvore fantasma, toda esgalhada, de tom marrom entre a poeira amarelada, proveniente das regiões desérticas, que sobrevoa Dakar.

Mas os deuses devem ter tido compaixão também do *baobab*, porque no escasso período de chuva, a árvore floresce e jubila um verde maravilhoso e reluzente.

Embora eu não tenha plantado um *baobab* em terra firme africana, eu o fiz com uma pequena muda de *petit baobab* em um vaso, em meados de 2016.

Ao receber uma foto de uma pessoa muito querida de Dakar, em outubro de 2023, e ao ver meu *petit baobab* forte e sorridente na inesquecível Dakar, entendi que só faltava mesmo escrever um livro.

Essa terceira missão, escrever um livro, é dar vida às palavras e ideias. É também uma forma de registrar, em algumas folhas de papel, o agradecimento aos amigos que me ajudaram nesta caminhada, e pelo menos emoldurar uma fotografia dos pensamentos com os quais espero, no mínimo, prender a atenção dos leitores sobre um tema pouco debatido no Brasil.

O assunto aqui é inteligência e contrainteligência, em sua quarta geração, fruto de novas tecnologias que tornam a privacidade alheia cada vez mais efêmera; muito embora, como será visto, determinados preceitos relacionados ao comportamento humano continuam válidos desde a Antiguidade.

No projeto original de elaboração do livro, havia a intenção de escrever um capítulo específico sobre a Atividade de Inteligência no contexto brasileiro, o que eu chamo de um "assunto espinhoso", haja vista que a visão que se dá ao tema no Brasil é invariavelmente politizada, considerando-se o período do governo militar (1964-1985). Por conta dessa âncora ou ferida não cicatrizada, pouco se discute o assunto com viés técnico.

Todavia, como as palavras foram dominando o teclado, chegou um momento, após encerrada a fase de pesquisa do projeto, no início de novembro de 2023, em que percebi que o livro poderia ficar por demais extenso. Assim, eventualmente, tratar com detalhes a Atividade de Inteligência no Brasil poderá ser um fator de motivação para novas páginas.

O primeiro capítulo foi pensado para contextualizar o leitor com um histórico, ainda que breve, pois haveria muito mais o que escrever, de como a Atividade de Inteligência se estruturou em meio aos órgãos de Estados de países que hoje são os mais proeminentes nesse assunto.

O segundo capítulo tem a pretensão de caracterizar como a inteligência e a contrainteligência formam o que se chama de Atividade de Inteligência. Além de conceitos, serão apresentadas definições que se prestam a facilitar o entendimento do leitor quando se depararem com o tema em outras paragens.

O terceiro capítulo abordará o que aconteceu depois da queda do Muro de Berlim, com a tendência de privatização da Atividade de Inteligência e os efeitos da evolução tecnológica sobre a espionagem.

O quarto capítulo tentará sensibilizar o leitor sobre as vulnerabilidades internas que, como consequência, caso não sejam ao menos compreendidas pelo *C-Level* e pelos gestores de segurança, podem acarretar degradação na proteção de conhecimentos sensíveis das organizações.

Por fim, o quinto capítulo foi destinado a dar enfoque a conceitos diretamente relacionados à contrainteligência. Se falar de inteligência é instigante, pode ter certeza de que a disciplina de contrainteligência exige ainda muito mais dedicação.

Não há qualquer pretensão nas páginas que se seguem de impor regra, norma ou pensamento. O livro foi concebido para ser uma tentativa de instrumento de transmissão de alguns conhecimentos do autor sobre o tema, em função de estudos realizados com uma bibliografia de suporte e, talvez, mais importante por conta da vivência, na prática, sobre o assunto, com o singelo propósito de contribuir com outros profissionais do setor.

Boa leitura! Críticas e sugestões são mais do que bem-vindas.

É hora de largar as amarras e aproar o vento.

SUMÁRIO

PARTE I
BREVE LINHA DO TEMPO

Em que medida o efeito James Bond e a literatura de John le Carré moldaram a percepção dos próprios profissionais da Atividade de Inteligência nas últimas décadas? A resposta, possivelmente, estaria em uma frase de Tom Clancy descrita no livro.

A ORIGEM DO TERMO ESPIONAGEM

A intenção das linhas que se seguem é apresentar ao leitor, de forma objetiva e relativamente cronológica, uma visão abrangente, porém técnica, de como foi sendo formatada a concepção de atuação das principais agências de inteligência atualmente conhecidas.

Esta primeira parte não se trata de um mero relato histórico factual, pois bastaria uma figura de linha do tempo para apor datas e nomes. Seria impossível, todavia, fazer um histórico meticuloso do surgimento de serviços de inteligência em algumas páginas, até porque existem bons livros específicos sobre esse mesmo histórico que serviram de alicerce ao autor.

Também seria um despropósito tentar abranger tudo o que configurou o modelo base, razão pela qual os fatos históricos a serem comentados estão centrados nos principais atores que permeiam o tema, quais sejam: Estados Unidos da América (EUA), União das Repúblicas Socialistas Soviéticas (URSS) e Rússia, Inglaterra; França, Alemanha, Israel e China, em função de determinados eventos históricos mais recentes, tais como as guerras mundiais, as quentes e as frias.

Neste livro, o autor utilizará os dois termos, agência ou serviço de inteligência, de forma indistinta, pois ambas as palavras acabam proporcionando o mesmo significado para um aparato estatal que desenvolve atividades de inteligência e de contrainteligência nos modelos atuais conhecidos.

Seria um consenso de que a inteligência é um assunto predominantemente de origem militar e destinada à segurança do Estado, sustentada por verbas públicas; todavia, os conhecimentos advindos da Atividade de Inteligência transbordam o interesse somente do setor público e não seria razoável restringir conhecimentos e experiências para o setor corporativo.

Desta feita, não seria impossível imaginar que empresas privadas tivessem capacidades, pelo menos em termos de recursos humanos, nos dias atuais, de empreender atividades de inteligência que supostamente fossem prerrogativas dos agentes do Estado.

Falar de inteligência, o que muitas pessoas já associam diretamente ao termo espionagem, requer seriedade diante do tema, que, em geral, é estereotipado pelos filmes de 007, ou pelo uso impreciso das palavras, no Brasil, por jornalistas ou comentaristas e até mesmo especialistas em segurança que, não raro, confundem inteligência com investigação. Há quem diga que falar de inteligência seja um assunto perigoso.[6]

Não raro, no Brasil, também se observa o uso da palavra "arapongagem" de maneira jocosa e com tom de desprezo ao referenciar algum caso de atuação de agência de inteligência ou concretamente de espionagem, seja ela fruto de atores estatais ou privados.

A indústria cinematográfica vende, em geral, a imagem de um homem musculoso e charmoso, ou quando uma espiã, de uma mulher sedutora e detentora de habilidades de lutas marciais, que fazem proezas diante de uma câmera de filmagem e só mesmo o imaginário das

---

6 Diogo (2013, p. 13), logo na primeira linha do primeiro parágrafo da introdução de seu livro *As grandes agências secretas*, diz que "tudo neste livro é perigoso. Se insistir, pode até meter-se em problemas. Por isso, pondere se não é melhor fechá-lo e devolvê-lo ao seu lugar". Poderia até parecer plágio, mas depois da metade do desenvolvimento deste projeto, o autor, ao reler o livro de Diogo, aliás uma obra mandatória para os interessados neste assunto, achou razoável dizer que nada aqui é segredo. Pode ler tranquilamente! Você verá que há menos segredo do que se imagina na tal "inteligência". Basta ser observador e fazer as perguntas certas, nos momentos adequados.

telas de cinemas pode nos levar a acreditar em missões "quase" impossíveis como algo minimamente razoável.

Fruto do que se assiste nos cinemas, o espectador é levado a acreditar que personagens que interpretam analistas de inteligência, em salas secretas, tiram conclusões advindas de uma bola de cristal e que agentes como Jason Bourne fazem milagres e piruetas inimagináveis também na vida real.

Zegart (2022, p. 17) traz à tona uma questão interessante em seu livro[7], que chama de "*spytainment*", que significa a junção das palavras em inglês *spy* com *entertainment*, relacionada ao aumento, nas duas últimas décadas, de produções cinematográficas do gênero relacionado à espionagem. Para Zegart, na inteligência, "a arte imita a vida e a vida imita a arte", o que significa dizer que determinados filmes podem até mesmo ter estimulado teorias da conspiração ou influenciado decisões políticas nos altos escalões do governo norte-americano e que acabariam por repercutir no fronte de batalha.

Um dos riscos da tentativa cinematográfica de fazer com que a arte represente a vida está relacionado ao que Zegart afirma como sendo a questão de que, enquanto verdadeiros fatos sobre espionagem continuam desconhecidos por conta do secretismo envolto a esta atividade, o que é um fato, nas faculdades, os professores estão ensinando tudo sobre espionagem, menos sobre inteligência, ponto de vista com o qual o autor concorda.

A etimologia da palavra espionagem em português[8] é simplista. O verbo espionar é descrito como "espiar, espreitar ou investigar como espião", sem mais detalhes dessa prática.

---

7 O livro *Spies, Lies, and Algorithms* é uma leitura obrigatória para quem deseja se arriscar a falar de inteligência e contrainteligência.

8 Dicionário Michaelis – Moderno Dicionário da Língua Portuguesa, 1998, p. 875.

Uma pesquisa mais aprofundada do termo nos leva à obra *Espionage – An Encyclopedia of Spies and Secret*[9], que descreve com mais requintes esta atividade, cuja origem da palavra latina está ligada ao francês *"espionner"* e ao seu primo italiano *"spione"*.

Do francês[10], tem-se que espionagem é afeta a um agente secreto, ou pessoa com falsa identidade, encarregada de recolher, clandestinamente, de uma potência estrangeira informações e documentos de inteligência, caracterizados como secretos. Ou ainda, pessoa paga pela polícia para obter informações. Espionagem industrial é descrita como medidas utilizadas para conhecer os segredos de fabricação de um produto. Por fim, a palavra está associada também à atividade de vigiar alguém.

O termo homólogo inglês *to spy* é originário também do latim *"specere"*, em conjunto com o anglo-normando *"espier"*, que tem como significado "olhar" ou "observar".

Mais detalhado, *to spy* é definido[11] como um agente secreto que se infiltra a partir das linhas militares inimigas de maneira secreta para obter informações sobre seus movimentos, ou alguém que observa pessoas secreta e despretensiosamente. Mais ainda, o termo significa observar alguém de maneira "invisível" e com intenções hostis, além da ação de descobrir algo por intermédio de uma investigação cuidadosa e secreta.

Desta primeira feita, a origem da palavra espionar/espionagem está associada à curiosidade natural do ser humano em olhar, observar e, portanto, saber o que outra pessoa de interesse está fazendo e, mais

---

9 Bennett (2002).

10 Dicionário Le Robert Micro, 2013, p. 534 e Le Robert & Collins, 1978, p. 272.

11 Dicionário The New International Webster's Compreensive Dicitionary, 1998, p. 1216.

importante, no que está pensando, ainda mais se houver conhecimento de que sobre este algo reside algum tipo de segredo.

O termo também tem sua origem afeta às questões militares, valendo-se de uma estratégia de obtenção de informações do inimigo, seja no campo de batalha, seja em tempo de paz, pré ou pós-guerra, quando forças oponentes tentam acompanhar os movimentos rivais.

A partir desta curiosidade que seria natural de observar ou vigiar uma terceira pessoa, tem-se que esta forma de conduta deixou de ser uma simples curiosidade aceita por conta do comportamento humano para mergulhar, ao longo das últimas centenas de anos, em uma atividade ilegal e imoral, condenável pelas práticas subterrâneas e pantanosas que se desenvolveram ao seu redor, ainda mais com o avanço de tecnologias que, atualmente, tornaram a privacidade alheia em uma raridade.

 **"Não há nada mais necessário do que uma boa inteligência para frustrar um inimigo preparado: e nada que exija maior esforço para obtê-la."[12]**

No cotidiano, é comum ouvir a expressão "informação é poder", sendo que a frase exata seria *"scientia potentia est"*, em latim, cuja tradução é "conhecimento é poder", e que foi encontrada na obra *Leviatã*, de Thomas Hobbes, em 1668. A pergunta que se seguiria é: o que seria informação e qual seria a diferença para conhecimento?

---

12 Carta de George Washington para R. H. Morris, de janeiro de 1756. Tradução do autor. Disponível em: https://founders.archives.gov/documents/Washington/02-02-02-0255.

Segundo Diogo (2013, p. 47),

> o conceito das informações traduz a famosa expressão *intelligence*: conhecimento e análise profunda sobre os fatores que condicionam a segurança nacional e que fazem dos serviços secretos a primeira linha de defesa e segurança de um país.

Embora o leitor possa interpretar com desconfiança a afirmação do autor que se seguirá, mas uma das tentativas deste livro é trazer luz, ou seja, conhecimentos, sobre os principais aspectos que giram em torno de um centro de gravidade chamado e resumido por inteligência, sendo que o ideal seria o emprego, sempre que possível, acompanhado de sua inseparável contraface, a contrainteligência; contudo, no cotidiano, convencionou-se sintetizar tudo apenas pelo uso do termo inteligência.

A afirmação do autor é: inteligência não é sinônimo automático de espionagem. Há diferenças conceituais que este livro deseja apontar.

Diversos países investiram muito dinheiro e competência nas suas agências de inteligência [e] nos seus espiões (DIOGO, 2013), que ora agiram como "patriotas honrados, ora como conspiradores inescrupulosos, sendo que muitos homens e mulheres dedicaram suas vidas, literalmente, para tentar saber de forma dissimulada o que lhes estava vedado", o que denota que a inteligência é uma ferramenta essencial ao Estado e a possibilidade de admissão da visão de uma atitude de coragem de quem se arrisca pelo caminho tortuoso da espionagem para defender seu país contra um inimigo.

DA ANTIGUIDADE PASSANDO POR SUN ZI

A Bíblia cita o termo relacionado à espionagem no Velho Testamento – Números 13, segundo a passagem em que "...E falou o SENHOR a Moisés, dizendo: Envia homens que espiem a terra de Canaã, que eu hei de dar aos filhos de Israel ...", o que denota tal prática desde tempos remotos da humanidade.

Ainda falando de tempos da Antiguidade, Sun Zi (544 a.C. - 496 a.C.), cujo nome em português costuma-se escrever Sun Tzu, conhecido como general, estrategista e filósofo chinês, tem seu nome relacionado principalmente à escola militar chinesa. Em que pese sua obra-prima chame-se *A arte da guerra*, o estudo sobre Sun Zi demonstra um pensamento muito mais filosófico sobre a condução de uma guerra do que efetivamente como um general guerreiro, no campo de batalha, naquela época histórica de lutas sangrentas pela unificação de vários reinos no território chinês.

A Universidade de Defesa Nacional (UDN) da China editou um livro, em 2006, chamado de *The Art of War by Sun Zi,* que o autor acredita[13] ser uma das versões mais fidedignas sobre a obra desse filósofo chinês.

Há cerca de 2.500 anos, Sun Zi dedicou em seus manuscritos uma passagem exclusiva sobre a utilização de espiões, em que classificou cinco tipos de espiões[14] que podem e devem ser empregados simultaneamente por um comandante do país X, hipoteticamente em guerra contra o país Y:

---

13 O autor realizou um curso na UDN, no primeiro semestre de 2009, sobre Geopolítica, História da China e Comando Militar. Ao longo do curso, foi possível observar diversos aspectos relacionados à Atividade de Inteligência.

14 CHUNZHI e CHENGHU (2006, p. 228). Tradução do autor.

» **Os locais** – pessoas comuns do país inimigo Y.

» **Os internos** – funcionários que trabalham em organizações do país inimigo Y e que foram subornados por X.

» **Os agentes duplos** – são os espiões do país inimigo Y que foram transformados em espiões para o país X.

» **Os mortos** – espiões do país X que foram encarregados de transmitir informações falsas ao país Y e que, depois de descobertos, são assassinados.

» **Os sobreviventes** – são os espiões do país X enviados a Y e que conseguem voltar vivos e com as informações obtidas.

Segundo Sun Zi, espiões seriam as pessoas de maior intimidade, ou seja, proximidade com o comandante e de extrema confidencialidade e que teriam, inclusive, conhecimentos prévios de uma operação militar a ser empreendida.

Os espiões "mortos", encarregados de promover desinformação, deveriam ser empregados após o conhecimento pelo comandante das informações transmitidas pelos "agentes duplos", que foram cooptados e que acabariam por facilitar ainda mais o uso dos "internos" e "locais" e, consequentemente, a operação dos "sobreviventes".

Para o filósofo chinês, espiões devem ser bem recompensados, o que reforça a ideia de suborno; todavia, em caso de vazamento de informações antes do início de uma operação, todos aqueles que dela tiveram conhecimento, inclusive os espiões, devem ser mortos.

Tal pensamento permite uma conexão, mesmo que distante no tempo e no contexto, com o caso de espionagem corporativa que envolveu o banco Credit Suisse e que se tornou público em meados de

CONTRA & INTELIGÊNCIA 4.0

setembro do ano de 2021, após uma série de reportagens[15] apontando que um investigador da empresa suíça Investigo foi contratado por um dos diretores do banco Credit Suisse para vigiar os passos de um ex-diretor que passara a trabalhar no banco concorrente UBS Group AG.

Um dos primeiros capítulos desse escândalo relacionado ao nome de um dos bancos mais renomados da Suíç=a foi noticiado como sendo o fato de que, dias após o ex-diretor do Credit Suisse, vítima de tal operação de vigilância, ter dado conhecimento à polícia da suspeita de estar sendo seguido, o investigador, cujo nome não foi revelado, teve sua morte informada nos meios de comunicação e que a causa teria sido um suicídio.

O Livro *Arte da Guerra* não deixa claro que os espiões da classificação "mortos" seriam mortos tão somente pelo inimigo, país Y, ou pelo próprio país X. O fato é que, no caso suíço, o espião acabou morto, tenha sido ou não um verdadeiro suicídio.

Tal observação se faz razoável em razão de que espiões supostamente "mortos", caso conseguissem regressar do campo de batalha, e não tivessem mais algum tipo de serventia e pudessem no futuro expor toda a operação de desinformação, deveriam ser mortos a mando de seu comandante, segundo Sun Zi.

A história do espião da KGB, Jack Barsky (1949), nascido na antiga República Democrática da Alemanha, e que após receber treinamentos específicos da antiga agência de inteligência russa KGB foi enviado aos EUA, na década de 1970, é um exemplo de espião que permaneceu vivo e em liberdade, mesmo após ser descoberto pelo Fe-

---

15 Reportagem publicada pela revista *Fortune*, em 1/10/2019, intitulada *"How the Decision to Spy on a Star Banker Left an Investigator Dead and a Bank's Reputation in Tatters"*. Disponível em: https://fortune.com/2019/10/01/credit-suisse-banker-spying--investigator-dead/. Acesso em: 4 out. 2023.

deral Bureau of Investigation (FBI), e que não foi morto, como forma de retaliação pela KGB, pelo fato de não ter obedecido à ordem de regressar à Alemanha Oriental, nos anos de 1987 e 1988, uma vez que a KGB tinha indícios de que Jack Barsky poderia ter sua verdadeira identidade descoberta pelo FBI, o que de fato aconteceu.[16]

Jack Barsky, para não deixar os EUA, mentiu para a KGB alegando que estava com Aids, o que acarretou na notícia aos familiares alemães que Dittrich (nome alemão) estava "morto". Após ser abordado pelo FBI, Jack Barsky ou Dittrich transmitiu aos norte-americanos todos os seus conhecimentos sobre as técnicas operacionais da KGB que ele empregava.

O pensamento de Sun Zi pressupõe deduzir que um comandante, deliberadamente ao enviar um espião ao país inimigo para disseminar desinformação, sabe, presumidamente, que o destino do espião é a morte. Todavia, o que os manuscritos de Sun Zi nada mencionam é que o espião "morto" poderia também ser subornado e cooptado e, na verdade, se tornar um agente duplo para o país inimigo, fruto de uma operação de contrainteligência.

A EVOLUÇÃO DO TRADECRAFT A PARTIR DA PRIMEIRA GUERRA MUNDIAL

Bennett (2002, p. 85) se refere à espionagem como sendo a coleta clandestina de inteligência e o exercício de *tradecraft,* palavra em inglês

---

16 Esta história dos meandros da espionagem, na época da Guerra Fria, está bem descrita no documentário norte-americano 60 Minutes *"Spies in America who stole and sold U.S. secrets"*. Disponível em: https://www.youtube.com/watch?v=HrKZtIBYx3I. Acesso em: 4 out. 2023.

que se refere a um jargão muito empregado na Atividade de Inteligência como sinônimo de espionagem e, um pouco além desse mero sinônimo, representa as técnicas operacionais de espionagem ou as habilidades que um espião deve possuir para não ser identificado e capturado.

Não há uma tradução específica para *tradecraft* na língua portuguesa com referência ou sinônimo para a maneira como a palavra é empregada de forma corriqueira, no inglês, por profissionais da Atividade de Inteligência.

Além da citação na Bíblia, relacionada ao Antigo Testamento, dos pensamentos de Sun Zi e de relatos históricos do Império Persa, assírios e Império Romano, na Antiguidade, quanto ao uso de espiões ou pessoas disfarçadas e misturadas em grupos de pessoas para observar aspectos de interesses para os governantes, percebe-se que há um hiato de conhecimento sobre exemplos mais concretos de espionagem na Idade Média.

O termo *eavesdropping,* relacionado à espionagem, que significa uma maneira de escuta clandestina do que alguém fala, tem, entretanto, sua origem justamente na Idade Média, quando espiões designados pelos reis eram inseridos como servos em castelos de senhores feudais e do clero para ouvir, observar e obter informações antecipadas de qualquer tipo de complô ou conspiração em andamento para derrubar o rei (BENNETT, 2002).

É a partir dos séculos XV e XVI e do período da Renascença que a atividade de espionagem, principalmente por razões políticas, começa a tomar mais corpo na Inglaterra, com as atividades de Sir. Francis Walsingham, que desenvolveu uma rede de espionagem para a rainha Elizabeth I, sendo considerado como um dos primeiros serviços estruturados de inteligência.

Na França, a instalação dos *Cabinet Noir*, sinônimo de "sala escura", local onde correspondências de pessoas suspeitas ou desafetas ao rei eram abertas e lidas por súditos de confiança dele, antes de serem encaminhadas a seus destinatários, também caracteriza ações de espionagem naquele país e o embrião para a formatação futura de estruturas de serviços de inteligência.

Transpassando pelos exemplos de espionagem e uso de técnicas de "*deception*" durante as Guerras de Independência e Civil (séculos XVIII e XIX), nos EUA, um fato que chama a atenção é a criação da primeira organização formal de inteligência militar nos EUA, qual seja o *Office of Naval Intelligence*, em 1882, e, posteriormente, o *Army Military Intelligence Division*[17].

Esses órgãos de inteligência militar deram início ao emprego de Adidos Militares em outros países, em sua maioria com a cobertura diplomática, com o intuito de coletar informações, presumidamente, em fontes abertas por meio de contatos com seus interlocutores militares no país anfitrião.

A Inglaterra criou o *Secret Service Bureau*, em 1909, talvez um dos serviços de segurança estatal mais antigos formalmente constituído e com a utilização do termo "*secret service*", que estava formalmente atrelado ao *War Office*, leia-se gabinete de guerra.

Em 1916, o serviço foi renomeado para *Military Intelligence Section 5* (MI5). Embora o serviço tenha sido novamente renomeado para *Security Service*,[18] em 1931, a sigla MI5 se consagrou e é utilizada até hoje, com atribuições voltadas à segurança interna, semelhantes ao FBI.

---

17 Bennett (2002, pp. 86 - 87).

18 Na página institucional do MI5 na internet, encontram-se os seguintes dizeres: "*MI5's mission is to keep the country safe. For more than a century we have worked to protect the UK from a range of threats, whether it be from terrorism or hostile activity by states*". Disponível em: https://www.mi5.gov.uk/. Acesso em: 25 out. 2023.

No ambiente de tensão vivido pela eclosão da Primeira Guerra Mundial, os britânicos também fundaram, em 1909, o *Foreign Intelligence Service*, renomeado depois para *Special Intelligence Service*, sendo que, em 1920, esse braço da inteligência britânica destinado ao campo externo adotou o nome que perdura até hoje, o *Secret Intelligence Service* (SIS).

Na época da Segunda Guerra Mundial, o SIS passou a empregar a abreviatura MI6 (*Military Intelligence Section 6*), que, embora oficialmente não seja mais utilizada internamente no Reino Unido, ainda é comumente empregada em jornais e reportagens que referenciam o serviço secreto de inteligência inglês, que possui atribuições semelhantes à da CIA.

Em suma, o MI6, cujo primeiro diretor foi o Capitão de Mar e Guerra, oficial da Marinha Real britânica, Mansfield G. S. Cumming, desde o início da operação do serviço teve como foco a coleta de inteligência no campo externo, leia-se, além-mar, ou seja, além das fronteiras do Reino Unido, para observar o que se passava, portanto, em outras localidades estrangeiras de interesse.[19]

Com a evolução dos meios de comunicação, na virada do século XIX, e a ruptura da Primeira Guerra Mundial, houve o surgimento de centros especializados em coletas e análises de dados relacionados a temas de segurança, transmitidos pelos sistemas de comunicação daquela época. Em 1914, já havia preocupação por parte dos britânicos em formar técnicos capazes de analisar e decodificar códigos e cifras utilizadas em comunicações telegráficas, o que originou a primeira escola destinada à formação de profissionais voltados ao estudo mais específico de algoritmos de criptografia, com a criação do *Government Code & Cypher*

---

19 O MI6 anuncia sua missão como *"We work overseas to help make the UK a safer and more prosperous place"*. Disponível em https://www.sis.gov.uk/. Acesso: em 25 out. 2023.

School (GC&CS), que contou com a experiência prévia de militares da Marinha inglesa[20] nesse assunto extremamente técnico.

Em 1946, essa estrutura de inteligência passou a se chamar *Government Communications Headquarters* (GCHQ), que poderia ser considerada como a primeira Agência de Inteligência de Sinais governamental no século XX.

Na Rússia, no período que antecede a Revolução Russa de 1917 e com a ascensão dos bolcheviques ao poder, estrutura-se a nova polícia secreta conhecida como NKVD (Comissariado do Povo para Assuntos Internos), em substituição à Cheka, que por sua vez havia representado uma evolução da antiga Okhrana, considerada como uma espécie de serviço secreto dos antigos regimes czaristas, desde os tempos de Ivan, O Terrível (1530 - 1584).

Passando por Pedro, O Grande, Alexandre I e II, as informações da Okhrana, pertencente à Polícia do Departamento de Estado russo, eram provenientes, em sua maioria, do trabalho de espiões que atuavam como agentes duplos, ou seja, que serviam ao czar e ao mesmo tempo aos revolucionários bolcheviques. Um desses agentes duplos era o jovem Josef V. Djugashvíli, mais tarde conhecido pela alcunha que pretendia refletir seu temperamento de aço, Stalin (Diogo, 2013, p. 60).

De qualquer forma, essas agências russas em sequência foram destinadas a atuarem como uma espécie de polícia política secreta no ambiente de revolução social que assolou a Rússia, em especial para as questões de contrarrevolução e contrassabotagem.

---

20 O site oficial do CGHQ, disponível em: https://www.gchq.gov.uk/, apresenta o histórico de criação dessa estrutura. A menção específica da participação da Marinha Real britânica neste aspecto se deve ao pensamento de que entre as três forças militares (naval, terrestre e aérea), as marinhas têm mais tradição na Atividade de Inteligência e uso de códigos em comunicações, desde os tempos das grandes navegações.

A Segunda Guerra Mundial marcará o uso de espiões pelos principais atores direta e indiretamente envolvidos no conflito, seja pela tentativa de obtenção de informações secretas; pela condução de operações de dissimulação a fim de induzir o inimigo ao erro, tal como a Operação Mincemeat[21]; e pelo desenvolvimento de sistemas destinados à quebra de chaves de criptografia das comunicações alemãs via rádio, tendo como exemplo mais clássico a criação do sistema Ultra[22], pela inteligência britânica, em 1941.

Entre 1940 e 1946, os britânicos operaram de maneira secreta o *Special Operations Executive* (SOE), uma espécie de subdivisão do MI6, que passou a desempenhar ações específicas de reconhecimento, espionagem e de sabotagem em áreas ocupadas pelos nazistas, ou seja, o primeiro serviço de inteligência que combinou as ações de coletas de informações sigilosas com as táticas de guerra clandestina e irregular para suporte aos grupos organizados de resistência, em especial aos franceses.

Os EUA, por sua vez, criaram um serviço homólogo ao SOE, qual seja, o *Office of Strategic Services* (OSS), em 1942, com os mesmos propósitos do sistema britânico e que, inclusive, operaram conjuntamente;

---

21 Esta operação de "deception", descrita no filme *O homem que nunca existiu*, conduzida pela inteligência britânica, em que documentos foram forjados de tal forma que chegassem ao conhecimento de autoridades alemãs, por meio de um cadáver que foi planejadamente preparado para aparecer em uma praia no litoral da Espanha (praia de Punta Umbría), em 1943, é sem dúvida um dos principais exemplos da atualidade de uso da técnica de "enganar" um adversário.

22 O sistema de comunicação alemão para transmissão de mensagens codificadas a seus submarinos, preposicionados em operações de ataques aos comboios aliados, era conhecido como Enigma, codinome de uma chave de criptografia que era considerada, até o sucesso do sistema Ultra, como impossível de ser quebrada com os recursos tecnológicos disponíveis até aquele momento.

embora se saiba que naquele momento os britânicos dispunham de capacidades técnicas mais avançadas e mais expertise para o *tradecraft* em solo europeu do que os norte-americanos.

―――

A GUERRA FRIA

Como resultado direto da Segunda Guerra Mundial, o mundo logo mergulhou na Guerra Fria, que representou não somente as disputas ideológicas, mas também uma corrida armamentista entre USA e URSS, no campo da comparação das capacidades militares entre as duas potências. Pode-se afirmar que todo esse contexto foi direta e indiretamente suportado pelo franco e declarado embate entre suas agências de inteligência.

Um contraponto ao que acabou de ser escrito é encontrado no pensamento de Walton (2023) que, ao pesquisar documentos secretos da inteligência britânica, concluiu que a Guerra Fria, diferentemente do que pensa a comunidade acadêmica ocidental, teve início antes do abalo sísmico provocado pela disputa direta entre EUA e URSS, logo na sequência da ocupação da cidade de Berlim.

Os serviços de inteligência soviéticos já se encontravam presentes em determinadas estruturas dos EUA e Reino Unido, a partir dos anos de 1920, como forma de contenção às interferências desses países e seus aliados, que tentaram minar os efeitos da Revolução Russa. Como exemplo de uma inteligência soviética operacional, antes mesmo do fim da Segunda Guerra Mundial, tem-se que segredos da bomba atômica norte-americana foram repassados por espiões à URSS, antes mesmo da detonação do artefato, o que acelerou o que Marxistas-Leninistas já previam como um conflito inevitável contra as potências imperialistas ocidentais.

Walton (2023, p. 51) apresenta outro argumento no qual alerta que a URSS, por intermédio da Cheka, nos idos de 1920, já dispunha de sistemas avançados de coleta de sinais e habilitados à quebra de códigos, o que conferia a capacidade de interceptar e conhecer o conteúdo do tráfego diplomático dos alemães, austríacos e dos britânicos, tidos como o principal alvo ideológico do Kremlin.

A principal agência de inteligência norte-americana componente da estrutura relativa à Atividade de Inteligência daquele país, a *Central Intelligence Agency* (CIA), foi criada em 1947, por meio da promulgação do *National Security Act*, em substituição ao OSS, para atuação preponderante no campo externo.

A CIA apresenta-se em seu site oficial[23] como a primeira linha de defesa nacional norte-americana, cujas principais missões são: coletar inteligência estrangeira; produzir análises a partir de coletas de dados em todos os tipos de fontes; conduzir ações encobertas (ações secretas) quando ordenado pelo Presidente; e proteger os segredos que ajudam a manter a segurança do país.

No que tange à atuação da CIA com a coleta de dados nos demais tipos de fontes, sabe-se, a despeito de outras capacidades da agência, que sua principal forma de atuação é a fonte proveniente de pessoas, ou seja, a *Human Intelligence* (HUMINT).

No que tange ao campo interno dos EUA, o *Federal Bureau of Investigation* (FBI), criado em 1908, teve ao longo de sua evolução uma atuação obviamente destinada a lidar com problemas em solo norte-americano, com foco em combater a proliferação de movimentos anarquistas e ideologicamente atrelados aos interesses de grupos comunistas.[24]

---

23 Disponível em: https://www.cia.gov/. Acesso em: 8 out. 2023.

24 A página oficial do FBI apresenta uma série de informações sobre sua estrutura e

Sob o duro comando do policial J. Edgar Hoover (1895 - 1972), que exerceu o cargo de Diretor ininterruptamente até sua morte, o FBI passou a ser considerado como uma das maiores instituições policiais do mundo e, com o passar do tempo, abarcou, entre outras tarefas constabulares, como uma de suas principais atribuições a atuação no campo da contrainteligência, seja para combater a espionagem praticada contra interesses políticos e econômicos norte-americanos, seja para se antecipar, posteriormente, à ameaça do terrorismo.[25]

A prima-irmã do GCHQ, inclusive de muito maior envergadura, a *National Security Agency* (NSA) foi criada em novembro de 1952 e, devido ao extremo sigilo que foi atribuído à sua operação, somente na década de 1980 sua existência foi efetivamente confirmada pelo governo dos EUA, razão pela qual, devido a esse aspecto de operação secreta, suas iniciais NSA foram apelidadas de *No Such Agency*, em referência a uma agência que não existia.

Enquanto isso, no bloco comunista, a URSS, sob a liderança de Nikita Khrushchev, após a morte de Stalin, em março de 1953, substitui a NKVD pela conhecida KGB, acrônimo russo que significa Comitê de Segurança do Estado.

A história de formação dos serviços de inteligência na França, *le service de renseignement,* está muito bem descrita na obra *As grandes agências secretas*. Segundo Diogo (2013, p. 181), "ao contrário dos ingleses, a espionagem francesa demorou a estabelecer-se como uma entidade organizada e controlada" pelo Estado e existiram, inclusive, suspeitas em

---

forma de atuação. Disponível em: https://www.fbi.gov e https://www.fbi.gov/history/brief-history. Acesso em: 8 out. 2023.

25 Na página do FBI, há material de interesse ao leitor sobre contrainteligência. Vide: https://www.fbi.gov/investigate/counterintelligence.

relação às verdadeiras e possíveis falhas na inteligência francesa, liderada por Maurice Gauché, a partir de 1935, acerca dos motivos de não terem sido considerados os avisos dados por espiões sobre o pacto de não agressão firmado entre Hitler e Stalin[26], bem como sobre as aspirações de Mussolini em controlar o mar Mediterrâneo.

O fato é que a França ficou sob o jugo nazista durante a Segunda Guerra Mundial. Somente em 1946, foi fundado o SDECE, sigla em francês que significa *"Service de Documentation Extérieure et de Contre-Espionnage"*, sendo que, em abril de 1982, a agência de inteligência recebeu a nova denominação de *Direction Générale de la Sécurité Extérieure* (DGSE), a qual apresenta esfera de operação semelhante ao MI6.

Ainda na França, em 2008, há a criação da agência homóloga ao MI5, qual seja, a *Direction Générale de la Sécurité Intérieure.*

Após a queda do Muro de Berlim, em novembro de 1989, o que se observou foi o início do desmoronamento da URSS. Em agosto de 1991, tiveram origem os movimentos com patrocínio da KGB, considerado como "o Estado dentro do Estado"[27], que culminaram com o fim da URSS em 25 de dezembro de 1991 e, consequentemente, o aparente enfraquecimento da KGB.

Segue-se que a KGB, que naquele momento histórico teria entre 400 a 700 mil agentes[28], sediada no famoso Edifício Lubyanka, em Moscou, se dividiu entre o FSB (Serviço de Segurança da Federação

---

26 O Pacto Molotov–Ribbentrop, também conhecido como Pacto de Não Agressão Germano–Soviético, foi assinado em agosto de 1939, e serviu de pavimento para a invasão e ocupação da Polônia. O pacto é tido como um acordo de conveniência entre os dois inimigos.

27 Diogo (2013, p. 92).

28 Ibidem.

Russa), a exemplo do FBI, com atribuições de contraespionagem, segurança interna e segurança de fronteiras, e o SVR (Serviço de Inteligência Externa da Federação Russa), com atividades semelhantes à CIA, ao MI6 e à DGSE.

Pouco se fala da temida e centenária GRU, sigla em inglês traduzida como *Main Directorate of the General Staff of the Armed Forces of Russia e Chief Intelligence Directorate of the General Staff*, conhecida como a agência central de inteligência militar russa, e considerada até mesmo como a maior em termos de capacidades de inteligência externa da Rússia.[29]

TRÊS ATORES DE PESO

China

Falar do MSS (*Ministry of State Security*) na China ou de *Qingbao* não é tarefa fácil, em razão de sua extrema discrição. Talvez muitas histórias desde o Período de Primavera e Outono cerca do ano de 500 A.C.; passando pela Muralha da China; a Sociedade Harmoniosos Punhos Justiceiros, também conhecida como Sociedade Secreta dos Boxers; a instalação da República Popular da China, em 1949, após a vitória de Mao Tsé-Tung contra os nacionalistas, valendo-se de sua rede de espiões e do conceito de transformar tempo em espaço; a Revolução Cultural;

---

29 A GRU tem seu nome citado nas investigações conduzidas pela polícia britânica, após a morte do ex-agente de inteligência russo Alexander Litvinenko, que se exilou na Inglaterra e expressou críticas ao presidente russo Vladimir Putin. Em 2006, Litvinenko sofreu envenenamento com substância radioativa (polônio), sendo que dois agentes da GRU teriam sido os responsáveis pelo crime.

as célebres frases de Deng Xiaoping, entre elas "não importa que o gato seja branco ou preto, desde que cace os ratos"; o Falun Gong; a Praça Tian'anmen; e a questão do país considerado rebelde Taiwan, até os dias do presidente Xi Jinping, teriam que ser mencionadas para tentar entender como atua a inteligência chinesa.

Ademais, há um aspecto que o autor vivenciou pessoalmente. O cidadão chinês, diferentemente do pensamento entre ocidentais que têm por hábito questionar aleatoriamente a autoridade alheia, não tem problemas [talvez ainda] com a aceitação do regime de partido político unitário, leia-se o Partido Comunista Chinês. Outro detalhe, o cidadão chinês não demonstra [talvez ainda] estar preocupado com embates sobre o conceito de democracia, pois está mais concentrado em como ser bem remunerado pelo seu labor.

Apenas mais um adendo, enquanto nas democracias ocidentais o conceito de nacionalismo parece estar em desuso, entre o povo chinês esse sentimento é muito forte, desde o início dos primeiros anos escolares.

A obra de Faligot, *O serviço secreto chinês*, lançada em 2008, provavelmente seja o compêndio mais rico com este histórico e, portanto, uma leitura obrigatória para quem deseja falar da Atividade de Inteligência em um contexto mais abrangente, tomando-se como base de comparação a forma de atuação chinesa.

Brazil e Mattis (2019)[30] trazem à luz o apoio que os chineses marxistas receberam dos agentes soviéticos para a fundação do Partido

---

30 O livro *Chinese Communist Espionage* é outra leitura obrigatória para entender o contexto de atuação do aparato de inteligência chinesa que apresenta dezenas de casos de espionagem praticados por chineses, que envolvem principalmente a cooptação de taiwaneses.

Comunista Chinês, em Shanghai, em 1921; o apoio recebido por Zhou Enlai, o braço direito de Mao, por parte do GRU soviético; e a amizade sino-soviética que perdurou até os anos de 1960, quando a partir daquele momento passou a prosperar a desconfiança mútua entre os dois países.

Uma das formas de operação da inteligência chinesa para obtenção de informações de seu interesse seria a tática conhecida como "*thousand grains of sand*"[31] conduzida por uma grande quantidade de coletores de informações, mesmo que fragmentadas e sem maiores aparatos técnicos, em vez das operações clássicas norte-americanas, britânicas ou francesas.

A explicação metafórica para essa tática seria a prevalência do princípio da massa, pois na visão indiana,

> Se uma praia fosse o alvo de uma operação de inteligência, os russos enviariam um submarino, com homens-rãs que roubariam, durante a noite, vários baldes de areia e os levariam de volta a Moscou.
> Os EUA utilizariam seus satélites de observação e produziriam uma infinidade de dados.
> Os chineses enviavam mil turistas, cada um designado para coletar um único grão de areia. Quando voltassem, sacudiriam as toalhas de banho e, assim, os chineses saberiam mais sobre aquela praia do que qualquer outra pessoa (tradução do autor).[32]

---

31 Hannas *et al.* (2013, p. 188).

32 *"China's 'Thousand Grains of Sand' Approach to Intelligence Collection."* Publicado em 2021 pelo Centre for Land Warfare Studies (CLAWS), Nova Deli, um think tank que se considera independente em assuntos estratégicos de interesse indiano. Disponível em: https://www.claws.in/chinas-thousand-grains-of-sand-approach-to-intelligence--collection/. Acesso em: 25 out. 2023.

Ainda falando de China, há também na ótica norte-americana a questão do programa chamado de *"Thousand Talents"*[33], cunhado como *China Threat*, a Ameaça Chinesa, que significa a literal exportação de estudantes chineses para as principais universidades de países como EUA, Canadá, Alemanha, Inglaterra, França, para a absorção de conhecimentos com ênfase em ciências e tecnologias, de tal maneira que possam ser repatriados e, então, apoiarem Beijing em seus programas estratégicos de desenvolvimento.

O MSS teria sido oficialmente instituído em 1983 como o órgão central da inteligência chinesa, em decorrência da evolução dos antigos *Central Department of Social Affairs*, existente na época de 1949, e depois do *Central Investigation Department* e, somente em 2023, realizou uma primeira aparição em rede social para concitar os nacionais chineses a combater a espionagem estrangeira contra a China.

Israel

Falar do sistema de inteligência de Israel é mais um desafio, ainda mais no momento em que este livro é pensado e ganha vida.

Para entender como se constituiu o temível MOSSAD, é interessante antes fazer um voo muito rasante sobre o que se passou com o povo judeu por volta do final do século XIX, quando o jornalista austro-húngaro Theodor Herzl, em 1897, na Basileia, presidiu o Primeiro Congresso Sionista, fruto de outros inúmeros movimentos para a união sionista, e, bem dizendo, profetizou que o Estado de Israel nasceria nos próximos cinco anos ou até nos próximos cinquenta anos.

---

33 Hannas *et al.* (2013).

De fato, em 14 de maio de 1948, David Ben-Gurion declarava a criação do Estado de Israel, ou seja, 51 anos após as palavras de Herzl.

Com a Primeira Guerra Mundial em curso, a Grã-Bretanha, ao enfrentar a Alemanha e o Império Otomano, em uma sangrenta guerra estática de trincheiras, se vê compelida a demandar o apoio às comunidades judaicas da Europa. A moeda de troca oferecida pelas autoridades britânicas pela ajuda da *Jewish Legion* foi a promessa de apoio para a criação do Estado Judeu, caso a Inglaterra vencesse o Império Otomano (DIOGO, 2013, p. 145).

Como resultado da vitória da Tríplice Entente, a Grã-Bretanha assumiu, em 1920, o protetorado da região da Palestina, onde palestinos, árabes e judeus já conviviam há séculos.

Outro resultado direto da Primeira Guerra Mundial foi o início do fluxo migratório de judeus da Europa para a região da Palestina, o que ensejou uma forte revolta contra a presença desses judeus, em setembro de 1929, que foram atacados quando oravam no Muro das Lamentações, em Jerusalém, a única ruína ainda existente do segundo Templo de Salomão (DIOGO, 2013).

Este fato marcaria o nascimento da *Haganah* (traduzida como Defesa), que teve como trabalho recrutar informantes para acompanhar os movimentos sionistas, os movimentos antissionistas, e as intenções de palestinos radicais.

Em 1940, foi criado o *Sherut Yediot,* acrônimo *Shai,* que significava Serviço de Informações, subordinado ao Departamento Político e responsável por controlar judeus, infiltrados e conduzir operações secretas.

Ao longo da Segunda Guerra Mundial e logo a seguir, houve o aumento da migração de judeus para o berço do futuro Estado de Israel. Em 1948, após a fundação de Israel e a primeira vitória contra Egito,

Iraque, Síria e Líbano, que não aceitaram tal proclamação, a *Shai* foi substituída pela IDF (*Israel Defence Forces*), tendo ocorrido também a criação do *Shin Beth* para cuidar da segurança interna do Estado (BENNETT, 2002, p. 135), a exemplo do MI5, talvez, entretanto, menos robusto.

Em 1951, foi criado o *Central Institute for Intelligence and Special Duties,* ou *MOSSAD*, que se traduz do hebreu como Instituto, e que se tornou a principal agência de inteligência israelense.

Além disso, Israel ainda conta com a *AMAN*, uma agência de inteligência militar, que por sua vez controla a famosa *UNIT-8200*, responsável pelas atividades de SIGINT (BENNETT, 2002) e com capacidades de efetuar ciberataques.

Reconhecida como uma das mais eficientes agências de inteligência do mundo, o MOSSAD[34] é citado por ter conduzido diversas operações de eliminação (assassinatos) de alvos tidos como ameaças a Israel e concretizou com sucesso uma das mais famosas operações de sua história, em 1960, quando conseguiu extrair de dentro da Argentina o nazista Adolf Eichmann, posteriormente julgado e executado em Israel, por crimes cometidos contra judeus na IIGM.

Um dos temas mais debatidos na mídia internacional, após o ataque ao solo israelense conduzido pelo grupo terrorista "Hamas", no dia 7 de outubro de 2023, perpetrado com requintes de crueldade, haja vista barbaridades cometidas contra mulheres, crianças e bebês, foi a crítica aos sistemas de inteligência israelenses, que não foram capazes de antever o que estava por acontecer e, por conseguinte, permitir algum

---

34 O livro *As marcas da decepção*, de Victor Ostrovsky, de 1992, que foi um *Katsa* (agente de campo) do MOSSAD, ao descrever o Instituto deixa denotar, em função de sua frustração, o que seria um prostíbulo.

tipo de alerta, considerando-se que a reação israelense ao ataque só teve início após uma fase de mobilização nacional.

Quando a inteligência ou a contrainteligência obtém sucesso em suas operações, dificilmente a opinião pública fica sabendo, pois a Atividade de Inteligência não deve ser praticada com o intuito de virar manchetes em jornais.

A recíproca, contudo, não é verdadeira. As falhas da inteligência e da contrainteligência não terão perdão e serão objetos das manchetes de jornais para criticar os serviços de inteligência e, inclusive, as pessoas direta e indiretamente afetas a tudo o que estiver envolto no problema.

No caso israelense, a visão dada pela mídia foi a de criticar a ineficiência do MOSSAD, Shin Beth, IDF e todos aqueles que nada fizeram para impedir o ataque.

O que a mídia não abordou foi o outro lado da moeda, qual seja, o lado do sucesso (infelizmente, o autor é obrigado a escrever isto) do "Hamas" que, possivelmente, tenha contado com o apoio de outros atores estatais ou não, entre eles o Irã, um arqui-inimigo de Israel, seja com o fornecimento de armas, seja com tecnologias para ludibriar os sistemas de defesa israelenses.

Na medida em que o sucesso de uma inteligência representa o fracasso de uma contrainteligência adversa, a frase do professor Richard Betts *"individual intelligence failures may be avoidable, but intelligence failure is inevitable"*,[35] pode ser reescrita também com o acréscimo de que falhas na contrainteligência são inelutáveis e às vezes inexoráveis.

---

35 O artigo *"How Do We Define Intelligence Failure?: Hamas October 2023 Attack on Israel"*, publicado pelo *Intelligence Studies Review* do *Brunel Centre for Intelligence and Security Studies* apresenta uma compreensão desse lamentável episódio. Disponível em: https://bit.ly/3ufZ17c. Acesso em: 4 nov. 2023.

Uma pergunta não pode calar: desde os tempos da Haganah, 94 anos depois do ataque sofrido por judeus no Muro das Lamentações, será que tanto a inteligência e a contrainteligência israelenses não tiveram nenhuma, sequer nenhuma, fonte humana infiltrada na Faixa de Gaza, ou um *sayanim*,[36] capaz de transmitir o mínimo sinal de alerta do que poderia acontecer?

Alemanha

A palavra alemã *Abwehr*[37] é traduzida para o português literalmente como "defesa; contraespionagem; repelir; defender-se; afugentar" e este foi o nome dado ao serviço de inteligência militar da República de Weimar, em 1920, em que pese a Alemanha estivesse proibida de possuir um serviço de inteligência, por conta de imposições resultantes do Tratado de Versalhes, de 1919.

Em 1938, às vésperas da IIGM, *Abwehr* assumiu o papel de agência central de inteligência do Alto Comando das Forças Armadas nazistas (OKW – *Oberkommando der Wehrmacht*), responsável por conduzir uma série de atividades, desde reconhecimentos nos territórios da Polônia e da Inglaterra, como operações de infiltração com seus agentes em serviços de inteligência adversários, como, por exemplo, a Operação Polo Norte, na qual a *Abwehr* conseguiu manipular agentes da SOE britânica, na Holanda, no período de 1942 a 1944 (BENNETT, 2002).

Em paralelo, outra inteligência operava na estrutura nazista, qual seja a Gestapo, a polícia política do Reich, que atuava sumariamente

---

36 O termo *sayanim* é descrito por Ostrovsky (1992) como sendo pessoas de origem judaica que, por conta da diáspora, estão espalhadas pelo mundo e que atuam como agentes adormecidos, porém prontos a colaborar com o MOSSAD.

37 Dicionário Langenscheidts Taschenwörterbuch, Berlim, Ed. 1968, p. 672.

sem lei para eliminar qualquer inimigo do regime; sem contar ainda com as capacidades de inteligência da SS (*Schutzstaffel*), a organização paramilitar montada por Adolf Hitler, a partir do final da década de 1920, que se tornou o braço militar nazista.

Um dos principais aspectos que marcam a *Abwehr* é o nome de um de seus últimos comandantes, o Almirante W. F. Canaris, que foi identificado pela SS como um dos idealizadores da conspiração levada a cabo, porém sem sucesso, para assassinar Hitler, em 1944 (BENNETT, 2002), tendo, inclusive, mantido contato com agências de inteligência dos Aliados, em função de suas visões dissidentes. O almirante Canaris foi enforcado, em 9 de abril de 1945, pelo crime de traição, dias antes da ocupação aliada do território alemão.

No epicentro da Guerra Fria, em Berlim, em fevereiro de 1950, no lado oriental, sob o jugo da URSS, foi criada a STASI, ou o *Ministry for State Security*, que operaria aos moldes da KGB.

Do outro lado do muro, em 1956, foi criado o Federal Intelligence Service (BND – *Bundesnachrichtendienst*), como até hoje é conhecido, sob a influência da CIA e do MI6.

Não é preciso dizer da rivalidade entre os dois lados do muro, passando pela "ponte dos espiões"[38], bastando para tal citar o exemplo de sucesso da infiltração que a STASI obteve com Günter Guillaume e sua esposa, que, fingindo serem dissidentes e escapados da Alemanha

---

38 O filme *A ponte dos espiões*, de 2015, narra a história de um advogado encarregado de negociar a libertação de Francis Gary Powers, piloto da Força Aérea dos EUA que operava um avião de reconhecimento U-2 sobre o território da URSS e que foi abatido em voo, em 1960. Tendo sobrevivido, Gary Powers foi trocado por Rudolf Abel, um espião soviético preso pelos EUA.

Oriental, foram na realidade previamente preparados para se filiarem ao Partido Social-Democrata da Alemanha Ocidental.

Guillaume chegou ao posto de conselheiro direto do primeiro-ministro alemão Willy Brandt e, somente em 1973, o BND suspeitou de que Guillaume e sua esposa fossem espiões a mando da STASI, tendo sido o casal preso, em 1974, o que resultou em um escândalo político (GREY, 2015).

Haveria ainda espaço para tratar de outros dois atores que rivalizam no cenário geopolítico regional, em que suas agências de inteligência travam batalhas constantes: a Índia e o Paquistão.

Ambos os países estiveram sob o jugo do Império Britânico, até 1947, quando a Índia de maioria hindu e o Paquistão (Oriental e Ocidental) de maioria muçulmana obtiveram independência; sendo que o Paquistão Oriental, em 1971, depois de muitos conflitos, se tornou também independente com o apoio indiano e originou o país Bangladesh, com capital em Dhaka.

Anteriormente, em 1885, a fim de conter os interesses russos nessa região colonial, o Império Britânico fundou o *Intelligence Department* (Departamento de Inteligência), na cidade de Simla, na região da Caxemira, ao norte de Nova Deli, hoje capital indiana, o que curiosamente a Índia considera como a agência de inteligência mais antiga do mundo ainda em operação (DIOGO, p. 276).

Na Índia, em 1968, foi criado o *Research and Analysis Wing* (RAW), que, sob as ordens de Indira Gandhi (1917-1984), ficou diretamente subordinado ao Primeiro-Ministro e que Diogo descreveu, em 2013, como uma agência de espiões de rédea solta; um cão de guarda da política interna e externa indiana; e que atuava sem enquadramento legal e, portanto, sem qualquer tipo de escrutínio e de controle exercidos pelo sistema legislativo indiano.

No país rival, Paquistão, em 1948, foi criado o *Inter-Services Intelligence* (ISI), com atribuições autônomas de inteligência interna e externa, responsável por realizar a vigilância de pessoas, estrangeiros, da mídia e de diplomatas acreditados no país e inclusive os diplomatas paquistaneses residentes em outros países (BENNETT, 2002).

Além de menção ao tráfico de heroína para auferir suporte financeiro, um dos casos de maior impacto sobre a atuação do ISI se deve ao apoio recebido pela *Covert Action Divison* da CIA, ao longo da década de 1980, para o treinamento de afegãos, a fim de possibilitar a formação de grupos de resistência contra a invasão soviética ao país vizinho e de importância geoestratégica, o Afeganistão. Esses resistentes, conhecidos como os *mujahedin*, que em árabe significa "lutadores", protagonizaram várias imagens com os mísseis Stinger nos ombros destinados a abater as aeronaves soviéticas (DIOGO, p. 284).

No noticiário internacional, não raro são encontrados, principalmente por parte da mídia indiana, relatos dos casos de espionagem entre os dois países e das tentativas de infiltração nos serviços de inteligência alheios.

Por fim, outro ator que vem assumindo papel de destaque é o Irã, inclusive com possível atuação de seu serviço de inteligência na América do Sul.

O autor acredita que o relato até aqui descrito seja suficiente para que o leitor tenha um panorama de como, ao longo da Primeira Guerra Mundial, a IIGM como uma continuação da primeira, e a Guerra Fria como um desdobramento da IIGM, foram se estruturando as agências de inteligência que hoje têm atuação inclusive global.

Fica apenas um alerta: deve-se evitar comparações entre as estruturas de cada serviço de inteligência e, consequentemente, deve-se ter prudência ao contrapor as capacidades e características de tais organizações, pois cada país estrutura e organiza suas agências de acordo com seus Objetivos Políticos internos e externos, bem como em função do contexto geopolítico no qual se vê inserido.

SERVIÇO SECRETO – ORIGEM DO TERMO

Evidentemente que, por conta de atos de espionagem, todo o contexto que leva ao emprego de espiões, seja em questões internas de um país ou em atuação no exterior, por razões políticas, comerciais e tecnológicas, está cercado de sigilo, leiam-se segredos.

É comum se deparar, no Brasil, com o uso da terminologia de "serviço secreto brasileiro" afeto diretamente à Atividade de Inteligência estatal. Embora possa ser considerada como próxima à correlação da terminologia com os serviços de inteligência e de contrainteligência de uma agência, entende-se como salutar esclarecer a gênese dessa terminologia.

O termo "serviço secreto" tem sua origem nos EUA[39], sendo o *United States Secret Service* considerado como uma das agências federais de *"law enforcement"* mais antigas daquele país, originalmente criada, em 1865, atrelada ao Departamento do Tesouro, para combater a falsificação desenfreada do papel-moeda dólar, pois, ao final

---

39 Mais detalhes podem ser conferidos em: https://www.secretservice.gov/. Acesso em: 14 out. 2023.

da Guerra Civil norte-americana, quase um terço de toda a moeda em circulação era falsificada.

No ano de 1901, em decorrência do assassinato do presidente William McKinley, o congresso norte-americano solicitou que a proteção ao presidente dos EUA fosse realizada pelo então Serviço Secreto, o que daí resultou que, até hoje, a proteção pessoal do presidente dos EUA seja conduzida por esse serviço.

O Serviço Secreto norte-americano é considerado como a primeira agência de inteligência e contrainteligência doméstica dos EUA, sendo que após a criação do FBI, em 1908, as responsabilidades de coleta de inteligência doméstica e de contraespionagem foram então atribuídas ao FBI.

Torna-se evidente, portanto, que o atual Serviço Secreto dos EUA desenvolve atividades relacionadas à inteligência e contrainteligência destinadas à proteção pessoal do presidente daquele país.

Na próxima parte, serão apresentados os conceitos mais ampliados sobre o que é a inteligência e a contrainteligência.

PARTE II
ATIVIDADE DE INTELIGÊNCIA

Existe uma frase proveniente das técnicas de elicitação da antiga *Roman Legion Intelligence Service*, a *Frumentarii*, que diz: "Eu vou mostrar os meus [segredos], se você mostrar os seus" (NOLAN, 1999, p. 59). Muito cuidado com o *Quid Pro Quo* na Atividade de Inteligência.

CONCEITO DE ATIVIDADE DE INTELIGÊNCIA

Atividade de Inteligência sustentada pelos seus dois pilares, a Contrainteligência e a Inteligência, tem dois propósitos principais: respectivamente, o de proteger conhecimentos que são considerados como sensíveis por uma corporação, e o de assessorar o decisor no processo de tomada de decisão sobre um determinado assunto.[40]

Originariamente e ao longo dos tempos, o termo que ganhou aderência no mercado e, por conseguinte, teve uma utilização em amplo espectro, tanto no setor governamental como no privado, foi a palavra "inteligência", de tal forma que englobaria todo um conjunto de ações, o que, como será mostrado, não corresponde à realidade de toda a atividade.

Algumas pessoas que atuam nesse campo de trabalho, erroneamente, mencionam que a contrainteligência faz parte da inteligência, como se fosse um subproduto.

Um dos propósitos deste livro é mostrar justamente que as duas ações são indistintamente importantes, complementares entre si, e igualmente relevantes para um decisor e que devem atuar de forma a se apoiarem, o que, em realidade, não é a prática: porque informação é sinônimo de poder e porque a vaidade é uma variável quase que constante nas relações humanas, resulta que a disputa entre aqueles que desejam controlar a inteligência e a contrainteligência ao mesmo tempo é acirrada.

Diante do contexto intrínseco de compreensão,

---

40 O autor entende que a definição da Atividade de Inteligência atende igualmente às necessidades e aos interesses do setor corporativo.

> a Atividade de Inteligência é [foi] percebida como instrumento essencial para a segurança e desenvolvimento dos estados nacionais, levando muitos deles a criar ministérios e serviços orientados para tal, com diretrizes, aparelhamento e orçamento próprios. Como parte de seu processo de sistematização, em 1949, Sherman Kent, em sua obra *Strategic Intelligence For American World Policy*, caracteriza[ou] a Inteligência com tríplice significado: atividade, organização e produto.[41]

Não se pode afirmar categoricamente, mas é razoável citar que, por conta da preponderância dada inicialmente ao termo *"intelligence"*, com o lançamento do livro de Sherman Kent, no início da década de 1950, considerado como o pai da inteligência estratégica, o processo de produção de conhecimentos de inteligência descrito por Kent passou a ser adotado pela CIA, desde aquela década, e assim o termo inteligência se tornou uma referência para outros serviços, além de sua utilização no setor corporativo.

O autor considera que o termo inteligência (*intelligence*) ganhou aderência, a partir de Sherman Kent, além de substituir a terminologia "informação", como maneira de mostrar um trabalho mais elaborado e consistente e que passou a denotar o produto único da atividade.

No Brasil, entretanto, o termo "informação" teve seu embrião, em 6 de setembro de 1946, quando o ex-presidente Eurico G. Dutra criou o Serviço Federal de Informações e Contra-Informações (Sfici)[42], sendo que o termo permaneceu vigente ao longo das décadas de

---

41 Fernandes (2012).

42 O livro *Ministério do silêncio*, da autoria de Lucas Figueiredo, é uma excelente referência histórica da evolução do serviço de inteligência brasileiro; todavia, necessita ser lido com relativa cautela haja vista o uso excessivo de adjetivos e advérbios que podem, ao menos em tese, caracterizar alguma forma de viés político.

1950 até 1990, tendo em vista a criação do SNI (Serviço Nacional de Informações) em substituição ao Sfici, que existiu de 1964 até 1990, cuja conotação pejorativa de sua atuação esteve vinculada ao período do país conturbado por questões políticas de cunho ideológico.

Em 1990, o ex-presidente Collor de Mello extinguiu o SNI e, bem dizendo, durante nove anos, o Brasil permaneceu sem um serviço de inteligência regularmente estabelecido, até que, no ano de 1999, o ex-presidente Fernando Henrique criou a ABIN.

É nesse momento que o termo informações cai oficialmente em desuso e, com o decorrer do tempo, houve uma acomodação do linguajar que levou ao encurtamento do termo Atividade de Inteligência para somente inteligência; todavia, com um efeito negativo, qual seja o de omitir a contrainteligência com o mesmo grau de relevância para a atividade.

INTELIGÊNCIA

A Inteligência corresponde ao processo de coleta de dados que sofrem um processo de análise, normalmente realizado por um especialista em determinado assunto, que culmina na produção de um documento ou relatório chamado de "Conhecimento".

Dependendo da maneira de escrever e da complexidade desse conhecimento, o documento pode ser uma simples informação narrativa sobre um fato ocorrido ou algo mais robusto e complexo, como uma apreciação do assunto ou uma análise conjuntural.

O trabalho feito por um analista de inteligência deve abranger um determinado lapso temporal e ser desprovido de opiniões pessoais, de categorizações e de preconceitos. O que se espera de um bom analista de inteligência é que saiba relatar fatos, conectá-los de forma estruturada, de maneira argumentada, com bases dedutivas e indutivas, no intuito de poder apontar tendências sobre o assunto em observação.

Um analista aguçado tem por princípio utilizar a técnica 5W2H[43], inclusive repetidamente, pois uma pergunta leva a outra, o que lhe permite, com esses questionamentos, que parecem básicos, esmiuçar e aprofundar uma pesquisa e, consequentemente, sua análise.

Um bom analista também sabe o momento adequado para fazer perguntas; bem como, deve ter em mente que certas perguntas, em determinados momentos, não devem ser feitas, pois revelam ao

---

43 5W2H é um acrônimo proveniente do inglês que representa as principais perguntas que devem ser feitas ao se estudar, alguns dizem investigar, e relatar um fato ou situação. As perguntas já traduzidas para o português são: Por que, Quando, Quem, Quanto, Onde, Como e O quê?

destinatário do questionamento que o analista já sabe de algo sobre o assunto em estudo, além do mais, "pessoas em geral passam informações gratuitamente para interlocutores educados, atenciosos e bem-informados, especialmente aqueles que fazem perguntas inteligentes" (MARCIAL; GRUMBACH, 2008, p. 65).

A inteligência permite, portanto, abranger todo um espectro de questões pertinentes que o decisor, por exemplo o CEO (*Chief Executive Officer*) de uma empresa, entende como necessário ser analisado para que este possa tomar suas decisões estratégicas de forma mais assertiva e consolidada sobre os rumos de seus negócios.

Existem algumas denominações clássicas que se associam à inteligência, tais como a Inteligência Competitiva, a Inteligência de Mercado, a Inteligência de Marketing, a Inteligência Estratégica, a Inteligência Empresarial e a mais famosa, qual seja, a Inteligência de Negócios[44] (*Business Intelligence*). Obviamente, há também a denominação da própria Inteligência Militar e da Inteligência Policial.

Por isso, além do espectro puramente estatal de aplicação de conceitos quanto à inteligência, Hank Prunckun (2019, p. 31)

---

44 O autor expressou crítica ao artigo "Business Intelligence: o que é, como funciona, exemplo e por que é importante", publicado pela CNN Brasil, em 29/08/2023, no LinkedIn. O artigo começa com a seguinte redação: "O mercado está cada vez mais exigente e as empresas buscam ferramentas e estratégias para se tornarem mais competitivas. Um exemplo é o Business Intelligence (BI) que auxilia na coleta de dados confiáveis e que garante a assertividade na tomada de decisão".
Na visão do autor, a matéria é fraca e conceitualmente confusa, pois Inteligência de Negócios não é sinônimo de *"Dash Board"* muito menos uma ferramenta autônoma e milagrosa, como o artigo pressupõe, além do esquecimento de dizer que "análise de dados" pressupõe o trabalho de um Analista. Disponível em: https://www.cnnbrasil.com.br/tecnologia/business-intelligence/. Acesso em: 6 nov. 2023.

menciona a definição de *Business Intelligence* como sendo a prática de aquisição de informações comerciais e de negócios (*trade information*) que são consideradas como confidenciais e, portanto, estão protegidas contra as ações de empresas rivais.

Muito se utiliza o termo "inteligência" para várias denominações subsidiárias como, por exemplo, a inteligência do agronegócio, mas pouco se escreve ou se estuda sobre o aspecto da "análise", que é o coração da atividade como um todo, sendo que, em geral, a mídia retrata a inteligência de negócios como sendo um comportamento antiético e, quando apresentado fora do contexto apropriado, leva o ouvinte a pensar que se trata de pura espionagem.[45]

A mídia pouco aborda a questão de que inteligência de negócio, ao monitorar as atividades de um concorrente, o faz em sua maioria por meio de coletas em fontes abertas no próprio mercado, seja ele local, regional ou internacional.

Nolan (1999), ao trazer ensinamentos sobre *business intelligence,* primeiramente alerta que profissionais de inteligência não devem se esconder e negar o que fazem; além de que a inteligência: não é uma atividade dispendiosa nem necessita ser sofisticada para trazer retorno financeiro à empresa; não necessita do envolvimento de grandes quantidades de pessoas; e pode e deve ser utilizada por pequenas empresas tanto quanto as grandes.

Já foi comentado que inteligência não é sinônimo de investigação, muito embora no setor policial seja inerente a proximidade dessas duas ações considerando que seja atribuição precípua da polícia investigar o cometimento de crimes e delitos. Assim,

---

45 Prunckun (2019, p. 31).

no que tange à atividade policial, as técnicas para produção de conhecimentos de inteligência são as mesmas empregadas na inteligência derivada do setor militar e da praticada pela ABIN; entretanto, o foco da inteligência policial não se pode negar que esteja imbricada com investigações.

O QUE ANALISAR?

Falar de inteligência sem pensar em análise é como querer ganhar uma partida de futebol sem marcar pelo menos um gol a mais no placar do que seu adversário, ao término dos noventa minutos; caso contrário, ou seu time empata a partida, ou perde.

Conectar os dados e analisá-los é o que resulta o trabalho da inteligência em conhecimento. O campo de análise pode ser muito abrangente ou muito restrito, a depender dos propósitos de um serviço de inteligência, sendo que este possível conflito é igualmente válido para empresas privadas que oferecem serviços de inteligência.

Em decorrência da estruturação dos serviços de inteligência tomando-se como referência o que foi apresentado na primeira parte do livro, um serviço poderia dividir o espectro de atuação da inteligência, até meados da década de 1990, que corresponde ao fim da Guerra Fria, primeiramente, entre os campos "interno" e o "externo", nesse contexto tomando-se como referência as marcas das divisões territoriais de acordo com os limites fronteiriços entre países lindeiros nos conflitos ideológicos.

Assim, os assuntos em acompanhamento referentes à economia, política, assuntos militares da Bolívia, Paraguai, Uruguai e Argentina, por exemplo, seriam considerados como do campo externo na visão brasileira.

No contexto do campo interno brasileiro, os temas de política partidária, decisões do Ministério da Economia, segurança pública, ciência e tecnologia, base industrial de defesa, por exemplo, seriam acompanhados e analisados por um analista, então, do campo interno.

Daí, decorrem duas reflexões, sendo uma delas praticamente um dilema.

Primeiramente, com a porosidade das fronteiras terrestres; com a distensão da guerra psicológica entre blocos capitalista e comunista, após a queda do Muro de Berlim; e com o incremento exponencial de troca de informações e mensagens, de vídeo e texto, proporcionadas pela internet e redes sociais, o que permite o envio de dados quase que instantaneamente em relação ao que acontece do outro lado do mundo, percebeu-se que a divisão entre o campo externo e o interno foi aos poucos se tornando uma distinção cada vez mais esvoaçante.

No momento em que este livro é escrito, acompanhamos em tempo real pelo noticiário brasileiro os desdobramentos da campanha eleitoral para o segundo turno das eleições à presidência no país fronteiriço, a Argentina.

Como definir se o assunto e os reflexos para as relações bilaterais entre Brasil e Argentina devem ser analisados pelo campo externo ou campo interno? A pergunta não é de simples resposta, e ao que tudo indica essa divisão anteriormente existente entre os campos interno e externo se extinguiu, na medida em que houve paulatinamente a modernização dos serviços de inteligência em função do desenvolvimento de novas tecnologias que permitiram um considerável incremento nas capacidades de coletas de dados.

Em segundo, o que representa um dilema para um analista de inteligência é se ele deve ser um especialista ou generalista?

Parece ser uma pergunta simples, mas não é.

Como um analista de inteligência brasileiro de uma determinada empresa do setor financeiro deve acompanhar temas afetos à variação das taxas de juros e cambial, por exemplo, por mais que ele seja um exímio economista, com sólidos conhecimentos em macroeconomia e fluxo internacional de capitais, sem levar em conta as possíveis variáveis decorrentes da situação política do país; dos reflexos das disputas comerciais entre China e EUA; dos desdobramentos para o futuro do Mercosul; dos possíveis impactos ambientais, seca ou inundações, na safra de grãos, em relação ao agronegócio que representa as principais *commodities* do país; e até mesmo dos riscos atinentes a um determinado negócio em função da (in)segurança pública onde se desenvolve o negócio do seu cliente?

A preocupação constante em ajustar e reajustar os filtros de coleta de dados possibilita, na verdade, o recebimento de mais dados, pois "como em geral só se presta atenção naquilo que se acredita ser necessário saber", um analista pode se "perder em meio à abundância de informações" (MARCIAL; GRUMBACH, 2008, p. 65) e chegar a conclusões imprecisas e distorcidas.

O autor entende que, em princípio, o analista inicie sua carreira com foco na especialização, buscando o máximo de profundidade em seu campo de atuação e que, com o passar do tempo, não sendo possível precisar qual seria esse lapso temporal, na medida em que consolide seu nicho de conhecimento, o analista inicie um processo de abertura para ampliar o escopo de observação de assuntos que lhe permitirão uma visão mais dilatada e vasta, mantendo, todavia, uma base sólida de argumentação já conquistada.[46]

> **Confeccionar, elaborar, dar vida a um Documento de Inteligência é uma "arte"!**
>
> **Requer cuidados, atenção e disposição para discorrer no papel ideias, raciocínios e pensamentos sobre algo que desejamos ser a verdade dos fatos.**
>
> **Um Analista, quando fala, procura fazê-lo sem "achismo".**
>
> **Um "bom" Analista escreve melhor do que fala.**
>
> **Um "excelente" Analista, antes de escrever, ouve e lê muito.**
>
> **(©Bravus Consultoria)**

A joia da coroa desejada é que o analista saiba analisar e, para tal, outra pergunta fundamental é "como analisar?" Uma possível contribuição para a resposta é oferecida por Taleb (2007), que nos remete a reflexões com suas afirmações de que o que você não

---

46 Esta foi a trajetória do autor quando iniciou sua jornada na Atividade de Inteligência.

sabe é mais relevante do que aquilo que você [pensa] que sabe, pois "tendemos a aprender o específico, não o geral"; além de que "nós não aprendemos espontaneamente que não aprendemos que não aprendemos", uma vez que a estrutura de nossas mentes está voltada para não "aprendermos leis, mas fatos, somente fatos", na medida em que estamos predispostos a desdenhar do abstrato e alheios à introspecção.

CONTRAINTELIGÊNCIA

Primeiro, é importante ressaltar que contrainteligência não é sinônimo de segurança, como algumas pessoas pouco familiarizadas com os meandros da Atividade de Inteligência costumam confundir.

Segundo, o que acabou de ser escrito sobre análise vale integralmente para um analista de contrainteligência.

A contrainteligência tem como seu maior propósito também elaborar conhecimentos, a partir de relatórios produzidos por um analista, a fim de assegurar a proteção de ativos tangíveis e intangíveis da organização, tendo como ponto de origem a coleta e a análise dos dados disponíveis.

A ABIN, que representa o órgão central do Sistema Brasileiro de Inteligência (SISBIN), define contrainteligência[47] como:

> A Contrainteligência tem como atribuições a produção de conhecimentos e a realização de ações voltadas para a pro-

---

47 Disponível em: https://www.gov.br/abin/pt-br/assuntos/inteligencia-e-contrainteligencia/contrainteligencia. Acesso em: 28 out. 2023.

teção de dados, conhecimentos, infraestruturas críticas – comunicações, transportes, tecnologias de informação – e outros ativos sensíveis e sigilosos de interesse do Estado e da sociedade.

O trabalho desenvolvido pela Contrainteligência tem foco na defesa contra ameaças como a espionagem, a sabotagem, o vazamento de informações e o terrorismo. Podem ser patrocinadas por instituições, grupos ou governos estrangeiros.

Segundo o *Office of the Director of National Intelligence* (ODNI), dos EUA, uma espécie de órgão central do sistema de inteligência norte--americano, a definição para contrainteligência é:

> Coleta de informações e condução de atividades para identificar, enganar, explorar, interromper ou se proteger contra a espionagem alheia, além de outras operações como a sabotagem ou assassinatos, conduzidos por, ou em nome de, agentes externos, organizações ou pessoas estrangeiras, ou ainda organizações terroristas internacionais[...]
>
> Contrainteligência[...] combate a ameaça representada por uma inteligência adversária (tradução do autor).

Embora tenha sido dito que contrainteligência[48] não é sinônimo de segurança, e não é mesmo, esse campo de atuação da atividade baseia-se em dois pilares que aí, sim, dependem e muito de conceitos associados à segurança.

---

48 O dicionário TERMS & DEFINITIONS OF INTEREST FOR DOD COUNTERINTELLIGENCE PROFESSIONALS apresenta uma rica definição de termos técnicos afetos à contrainteligência. Disponível em: https://www.dni.gov/files/NCSC/documents/ci/CI_Glossary.pdf. Acesso em: 6 nov. 2023.

A denominação que o autor utiliza para expandir o conceito de contrainteligência é aquele que praticou enquanto trabalhou no Serviço de Inteligência da Marinha do Brasil.

O autor separa a contrainteligência em dois segmentos:

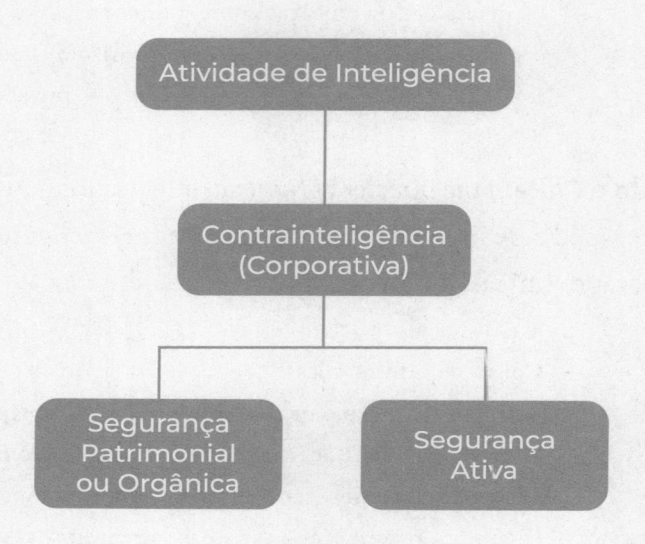

» **Segurança Patrimonial ou Orgânica:** que pode ser traduzida pelos conceitos clássicos e consagrados da segurança patrimonial, os quais compreendem as medidas de proteção nos campos da segurança física de áreas e instalações; de pessoal; de documentos; e da tecnologia da informação, vertente diretamente relacionada ao ambiente de cibersegurança.

» **Segurança Ativa:** que, embora também não tenha uma definição doutrinária totalmente categorizada, compreende as medidas de contraespionagem; contrassabotagem; desinformação; e contrapropaganda.

A contraespionagem pode ser tomada como autoexplicativa no sentido de que um serviço de contrainteligência deve adotar as medidas para evitar a espionagem promovida por um ator adverso.

Há serviços que diferenciam a contrainteligência da contraespionagem como sendo duas atividades distintas. O autor adota a postura mais tradicional em que a contraespionagem está inserida no contexto da contrainteligência (JOHNSON, 2009, p. 2).

No mesmo caminho, a contrassabotagem se presta a impedir que um ator adverso tente implementar ações que venham de alguma maneira causar danos materiais, ou até mesmo danos imateriais, em instalações físicas, como, por exemplo, em infraestruturas críticas, a fim de provocar interrupção operacional. Um exemplo de infraestrutura crítica no Brasil é a Usina Hidrelétrica de Itaipu.

A desinformação, a propaganda e, consequentemente, a contrapropaganda viveram talvez seu auge durante a época da Guerra Fria como método de levar ao oponente e às vezes a grupos de pessoas, à mercê dos acontecimentos, notícias previamente fabricadas com o intuito de causar uma desorientação ou a formação de uma impressão incorreta sobre um fato ou uma situação.

Nesse contexto, a desinformação e a contrapropaganda também são objetos de preocupação da contrainteligência e, talvez, nunca estiveram em tamanha evidência como nos dias atuais, por conta da abundância de notícias veiculadas pelos mais diversos canais de comunicação, formais e informais, tidas como falsas, ou seja, as *fake news,* bem como pela atuação das supostas "agências de checagem" de notícias.

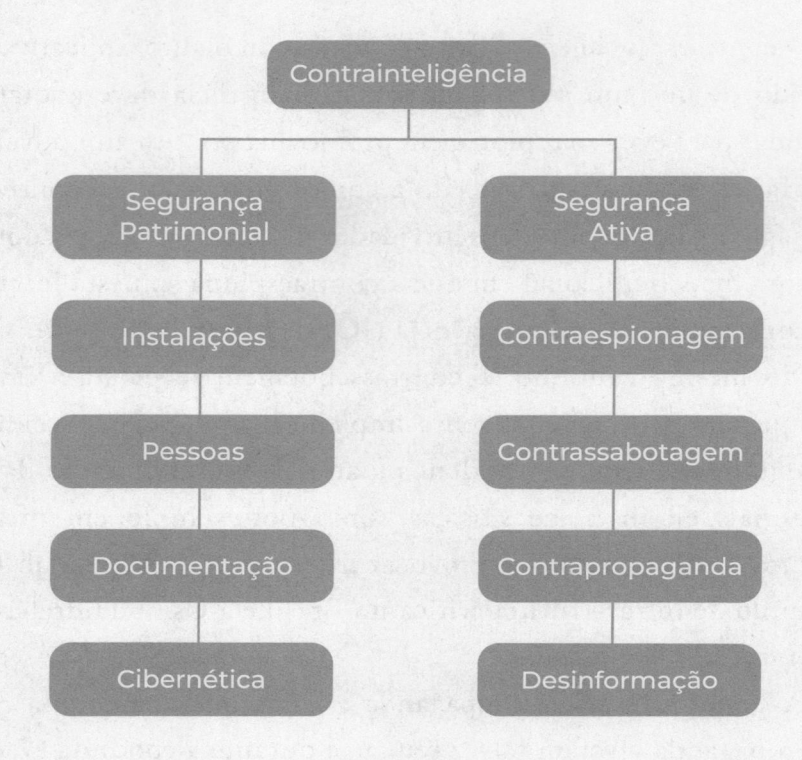

Este livro não abordará a atuação da Atividade de Inteligência nos aspectos relacionados ao contraterrorismo, haja vista tratar-se de um tema cuja sensibilidade é bastante elevada.

AÇÕES BASILARES DA CONTRAINTELIGÊNCIA

As ações basilares da Contrainteligência, em relação às vulnerabilidades internas de uma organização e às ameaças externas a essa organização, são sintetizadas em quatro pilares: prevenção, obstrução, detecção e neutralização, terminologias que também são utilizadas pela ABIN.

As ações que categorizam a Segurança Orgânica são: a prevenção e a obstrução. As ações que pressupõem a Segurança Ativa são: a detecção e a neutralização.

A imagem a seguir sintetiza as subdivisões da contrainteligência.

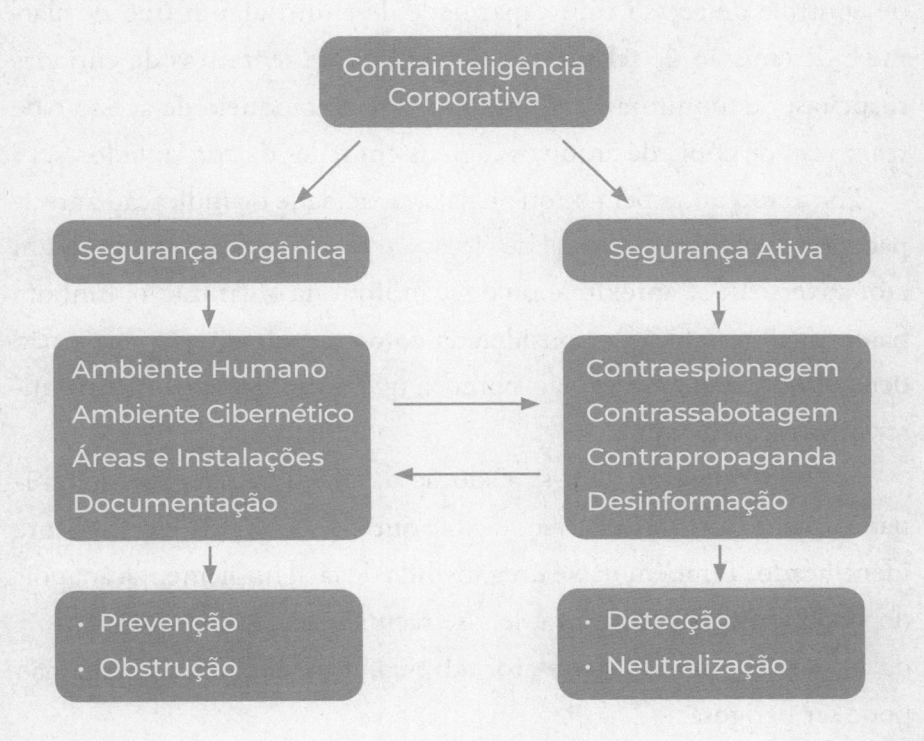

Por **prevenção**, pode-se tomar como sendo as medidas de conscientização, programas de sensibilização, palestras para transmissão de exemplos e lições aprendidas, de tal maneira que os integrantes de uma organização tenham em mente a importância de cumprimento de regras e normas de segurança, como, por exemplo, não acessarem sites suspeitos na internet e não aceitarem presentes que possam caracterizar a tentativa de suborno.

Por **obstrução**, entendam-se, resumidamente, as medidas de segurança física de instalações e a implementação de recursos que evitem uma intrusão indevida e inadvertida de alguém suspeito ou não autorizado. Como exemplo de sistemas de obstrução, temos: sistemas de controle de acesso com capacidade de emitir algum tipo de alarme e de emissão de relatórios com registro de tentativas de entradas suspeitas; de monitoramento por vídeo; e de bloqueio de acesso e de realização de cópia de arquivos digitais em redes de computadores.

Por **detecção**, espera-se que haja a capacidade de indicação antecipada, ou seja, de algum sinal de alerta em relação à tentativa de algum ator adverso de se aproximar ou de se infiltrar na organização. Embora pareça fácil, essa ação é considerada como a mais difícil, pois a não detecção de uma ameaça não significa que o problema não tenha anteriormente ocorrido.

Por **neutralização**, tem-se a adoção das medidas para tentar eliminar a ação de um ator adverso, depois que ele tenha sido efetivamente identificado. Também não é uma medida de fácil implementação, pois dependendo da envergadura, leia-se recursos materiais e humanos, e da disposição ao risco desse ator adverso, a medida de neutralização pode ser perigosa.

A ABIN define neutralização como "medida de contrainteligência que consiste em tornar sem efeito as vantagens obtidas pela inteligência adversa durante a realização de ações clandestinas ou encobertas,"[49] o que denota a abrangência desse desafio.

Como o próprio nome aponta, contrainteligência tem seu *core business* dedicado a se contrapor a um serviço de inteligência adverso

---

49 Disponível em: https://www.gov.br/abin/pt-br/assuntos/inteligencia-e-contrainteligencia/CI. Acesso em: 25 out. 2023.

ou mesmo que de um serviço tido como amigo[50], mas que tenha interesses contrários aos seus, pela proteção das próprias informações consideradas sigilosas, por meio de ações de segurança; da astúcia; da infiltração nas operações de inteligência alheias; e da manipulação da percepção de atores antagônicos.

 **Procure enxergar o que está por trás dos véus.
Não se deixe levar pelas primeiras impressões.**

Páginas atrás, foi dito sobre a relação entre inteligência e contrainteligência como sendo duas faces da mesma moeda, sendo que possivelmente a melhor forma de definir essa simbiose seja citando Zegart (2022, p. 145):

> A inteligência intenciona coletar e analisar informações para dar a um lado *insights* e vantagens. A contrainteligência procura proteger essas capacidades e negá-las aos outros. O sucesso da inteligência de um lado é o fracasso da contrainteligência do outro lado.[51]

Para reforçar ainda mais essa atuação da contrainteligência, além da proteção dos assuntos do Estado que requeiram sigilo, sejam eles do campo interno ou externo, nos mais diversos aspectos relacionados aos interesses de uma nação, ressaltam-se que esses conceitos não se

---

50 Entre países não há amizades, há interesses comuns. Entre países com interesses comuns, há alianças e acordos que devem ser respeitados. Entre serviços de inteligências, mesmo de países aliados, prepondera a desconfiança mútua. Em tempos de conflitos armados, os interesses em geral se tornam convergentes em função do objetivo comum da vitória. Todavia, mesmo em tempo de guerra, no campo das atividades econômicas, serviços de inteligência não praticam caridade.

51 Tradução do autor.

encerram em si mesmos e que são passíveis de serem aplicados, inclusive, ao ambiente corporativo das organizações privadas, principalmente às nacionais, pois segundo Prunckun (2019, 31),

> [...] A contrainteligência corporativa se preocupa em proteger as informações comerciais [...] pode envolver unidades dentro do comércio e da indústria que lidam com questões tão díspares como segurança, por um lado, e marketing, por outro. Também pode incluir empresas privadas de investigação, especializadas em proteger informações ou investigar violações de marcas registradas, direitos autorais ou segredos comerciais. Agências de inteligência governamentais, nacionais e estrangeiras, possuem unidades que monitoram a transferência de informações e tecnologia (tradução do autor).

Com certeza, há um vasto campo de pesquisa e de atuação com base em conceitos previstos na atividade e que servem de referência para aqueles profissionais que desejam se especializar na assessoria e apoio ao processo decisório e à proteção do conhecimento sensível, nos níveis institucionais e estratégicos das organizações públicas e privadas.

A ESTRUTURA BÁSICA DE UMA AGÊNCIA E O PAPEL DO AGENTE

Foi no período da Guerra Fria que os serviços de inteligência, como evolução natural fruto não só das ameaças recíprocas entre as duas potências daquela época que proclamavam a possibilidade de um apocalipse com ataques nucleares, conformaram as estruturas com as quais o mundo se depara atualmente.

Foi nessa época da História que a KGB, apoiada pelas agências de inteligência dos países do Pacto de Varsóvia, e a CIA, apoiada em especial pelo MI6 e demais aliados da OTAN (Organização do Tratado do Atlântico Norte), protagonizaram os principais episódios, daqueles que se tornaram conhecidos, sobre a espionagem e contraespionagem, não só no setor militar, mas também no campo político, por razões ideológicas, o que permite afirmar que a atividade transbordou para os aspectos de interesses econômicos e comerciais.

As ações de espionagem clássicas da Guerra Fria, na visão do autor, estão mais relacionadas à manipulação de pessoas que, de alguma forma, aceitaram o convite ou se voluntariaram para cooperar com um serviço de inteligência antagônico por razões de idealismo ou de interesse financeiro, do que por motivos de serem forçadas a trabalhar para esse serviço antagônico, por razões da extorsão ou da chantagem, em que pese tal fator não possa ser descartado.

Um serviço clássico de inteligência de cunho estatal é formado, normalmente, por três setores técnicos: Inteligência, Contrainteligência e Operações, embora esse tipo de divisão e organização não seja mandatório nem seja tornado público, em geral, por conta do sigilo que engloba a rotina dessas estruturas.

Obviamente que um serviço de inteligência pouco ou quase nada revelará sobre sua estrutura de funcionamento, podendo ser considerado como premissa básica a existência no organograma das estruturas mínimas de inteligência e de contrainteligência.

Tanto na inteligência, como na contrainteligência, dependendo da estrutura, haverá analistas distribuídos em diversas subdivisões de acordo com suas especialidades de trabalho. Quanto maior o campo de atuação da agência, maiores serão essas estruturas e suas subdivisões de acordo com cada assunto de acompanhamento.

Há que se considerar ainda que em razão da relevância que os temas afetos à cibersegurança demandam, despontando inclusive como uma nova dimensão da guerra, ou seja, a guerra no espaço cibernético, essas agências certamente também dedicam especial atenção à questão cyber, tanto pelo viés da inteligência quanto da contrainteligência.

A CIA, em seu site oficial[52], apresenta sua estrutura organizacional com sete subdivisões: *Directorate of Analysis, Directorate of Operations, Directorate of Science and Technology, Directorate of Digital Innovation, Directorate of Support, Mission Centers e Executive Offices.*

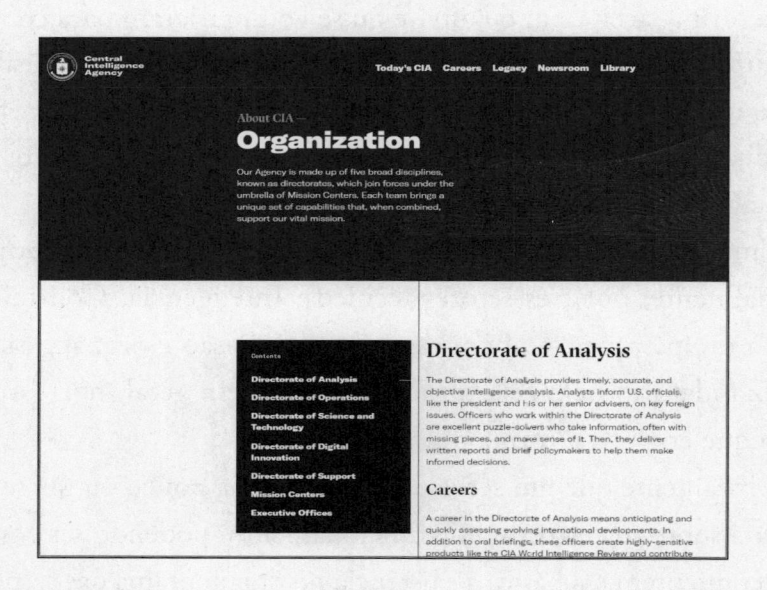

O site da CIA nada cita, justamente sobre a inteligência ou a contrainteligência, sendo que a intenção aqui é mostrar a existência do Departamento de Operações, que na descrição é mencionado como:

52 Disponível em: https://www.cia.gov/about/organization/. Acesso em: 13 out. 2023.

> *A Diretoria de Operações cuida da coleta de informações ad-*
> *quiridas por meio de **fontes humanas** (inteligência humana ou*
> *HUMINT).Quando necessário, e em **circunstâncias únicas**, são*
> ***conduzidas ações encobertas** com a orientação do Presidente*
> *(grifo do autor) (tradução do autor).*

Basicamente, é no Departamento de Operações de uma agência de inteligência que se encontra lotado o profissional que, no Brasil, pode ser chamado de "agente", melhor descrito como "agente de campo" ou "agente operacional", embora essa denominação varie de país para país.[53] Há agências estrangeiras, principalmente nos EUA, que empregam a denominação de "*operative*", por exemplo, para se referir ao profissional chamado, no Brasil, de agente de campo.

Nesse departamento, normalmente, são realizados cursos técnicos específicos para a formação e a preparação do agente de campo (*operative*), ou seja, aquele profissional dotado de conhecimentos e habilidades para a obtenção de dados (informações) que não estão disponíveis em fontes abertas e que, portanto, não são de conhecimento e de domínio do público em geral. Em suma, o agente é preparado para fazer a busca do dado protegido e que está negado ao conhecimento comum.

Portanto, em algumas instituições esse tipo de profissional classicamente é equiparado ao que se convencionou chamar na literatura de "espião"; todavia, há sutis diferenças entre espião e agente.

Um agente de campo pertencente a um serviço de inteligência, via de regra, tem sua identidade verdadeira conhecida somente por seus chefes e atua de forma sempre sigilosa, o que em determinados países também

---

53 Sobre o termo *agent*, tendo em vista a maneira como a palavra é utilizada nos EUA, serão tecidos mais comentários logo a seguir.

pode ser classificada como uma atuação clandestina. Mesmo o agente que possui cobertura diplomática não revela sua identidade verdadeira, muito menos suas reais atividades no país no qual está acreditado.

Dependendo da estrutura do serviço de inteligência, um agente de campo pode realizar operações específicas a fim de se infiltrar em determinados grupos de pessoas com o fito de extrair informações que são consideradas de interesse para seu país ou organizações privadas, pois esses pressupostos operacionais aplicam-se igualmente para o setor privado.

Outro detalhe importante é que o agente de campo nunca deve operar de forma independente, o que significa dizer que deve estar subordinado ao seu "controlador". Em suma, o agente recebe uma missão de obter um determinado dado sigiloso, que não se consegue por fontes abertas, e deve fazê-lo segundo uma cadeia de subordinação, vide o exemplo que a CIA apresenta de que suas operações encobertas, ou seja, secretas, dependendo da envergadura, devem receber a aprovação do presidente dos EUA.

Outro aspecto pouco conhecido daqueles não familiarizados com os serviços de inteligência é que a necessidade de empregar um agente de campo para a busca de um determinado dado sigiloso pode ocorrer em proveito tanto do setor de inteligência quanto da contrainteligência, sem obrigatoriamente ser caracterizada por uma conduta delituosa.

A estrutura de utilização de agentes de campo varia de agência para agência e de país para país, mas, basicamente, quando o analista, seja da inteligência ou da contrainteligência, em seu trabalho de análise se depara com algum tipo de lacuna de conhecimento, com algum tipo de peça do quebra-cabeça que está faltando, ele acaba por necessitar de uma operação de busca do dado negado e não mais da simples coleta de dados em fontes abertas.

É nesse momento que o serviço de inteligência pode autorizar o emprego do agente operacional para atuar secreta, clandestinamente ou de forma velada para buscar a peça que falta para o analista finalizar seu trabalho de assessoria.

Por conta dessas questões operacionais, o autor alerta que inteligência não é sinônimo intrínseco de espionagem.

É interessante notar que no site da ABIN[54], no que tange às suas competências para atuação, há uma menção que indiretamente leva ao entendimento de que a agência possa empregar seus agentes de campo em operações com um caráter secreto.

> Planejar e **executar ações, inclusive sigilosas**, relativa à **obtenção** e análise **de dados** para a produção de conhecimentos destinados a assessorar o Presidente da República (grifo do autor).

Devido ao treinamento específico que um agente de campo recebe, poder-se-ia categorizar que este profissional tem capacidades para atuar como um espião, pelas mais diversas formas que o levarão a obter informações sigilosas onde quer que seja.

Acontece que essas pessoas com habilidades físicas de um atleta olímpico, capacidades de dominar técnicas de lutas corporais, precisão de tiro com armas de fogo, vistos nos filmes, em geral, são na verdade cidadãos comuns que vivem uma vida pacata nas sombras e sem aparição pública.

Ao se falar da atividade de espionagem, pensa-se adrede e obviamente na figura do espião com uma capa de chuva e um chapéu com aba

---

54 Disponível em: https://www.gov.br/abin/pt-br/institucional/competencias. Acesso em: 14 out. 2023.

rebaixada sobre a testa. Todavia, nem sempre um espião tem o biotipo ou a aparência glamorosa de James Bond. Em realidade, um homem que atua nesse espectro de atividade subterrânea e criminosa acaba por se comportar como alguém desapercebido por quem está ao seu lado e, em geral, como super discreto, assim chamado de *"grey man"*.

Uma das características que uma pessoa deve apresentar para receber um treinamento específico de técnicas operacionais, por exemplo, é a capacidade de memorização, seja de imagens ou textos; o domínio de vários idiomas; e ter o comportamento temperado e não explosivo. Ter controle emocional é um requisito imperativo para se tornar um agente de campo.

O pensamento recíproco, entretanto, não é absolutamente verdadeiro, pois nem toda pessoa que decide espionar em favor de um país rival, de uma empresa concorrente, de uma agência de inteligência antagônica, transmitindo informações sigilosas para esse grupo oposto e que com esta ação trai a confiança de seus pares e superiores, que trai a confiança de suas instituições, o faz como um agente de campo.

Muitas pessoas até sabem que estão agindo como um espião, traindo a confiança de outros em sua organização, mas não têm preparo algum para essa atividade. Em muitos casos, agem por revolta, revanchismo ou aventura, mas sem preparo algum.

Há também aquele imaginário, por conta dos filmes, de que todo espião é um assassino, um matador profissional. Pode-se afirmar que nem todo agente de campo foi treinado para ser um eventual assassino; aliás, muitos nem são preparados para portarem arma de fogo. Muitos agentes são treinados para atuarem de maneira tão discreta, tão pacífica, tão disfarçada, que suas habilidades não estão na força bruta, com o uso de armas, mas sim na sutil capacidade de convencer e manipular pessoas.

———

DEFINIÇÕES – APOIO PARA MELHOR COMPREENSÃO DE TERMOS UTILIZADOS NA ATIVIDADE DE INTELIGÊNCIA

A seguir, serão apresentadas algumas definições com o intuito de auxiliar o leitor a lidar com certos termos mais específicos da atividade e da estrutura básica de um serviço de inteligência.

Não existe o menor intuito ou pensamento em fazer um minidicionário. Os termos que serão apresentados também não significam que este assunto tão vasto, complexo e intrigante se encerre neles mesmos. Pelo contrário, haveria muito mais para escrever. Todavia, a intenção, ainda que recatada, é a de tentar trazer um pouco mais de luz ao tema.

Fontes

A "fonte" é a mina de ouro para quem atua na Atividade de Inteligência.

De forma muito análoga, a importância da fonte para um profissional da inteligência é muito semelhante à de um jornalista em sua atividade de produzir matérias jornalísticas.

Com o incremento natural da Atividade de Inteligência nas relações humanas, políticas, econômicas e militares, aliada à evolução tecnológica, partiu-se dos tempos da Antiguidade, na qual a fonte humana era a única de onde se absorvia algum tipo de informação até as imagens fornecidas por satélites que permitem ao homem enxergar tudo a partir do céu.

As fontes de dados para a Atividade de Inteligência classicamente estão agrupadas em cinco categorias (CEPIK, 2023, pp. 73: 105) na atualidade.

HUMINT – *Human Intelligence*

Corresponde justamente à fonte proveniente de pessoas que transmitem de maneira deliberada, indireta, inadvertida, inconsciente, sem se dar conta do ato de passar informações a uma terceira pessoa, ou sob determinada condição de pressão, os conhecimentos que possuem sobre um assunto objeto de interesse de uma agência de inteligência.

A importância da fonte humana se deve ao fato de que pessoas, ainda não tendo sido substituídas por robôs ou máquinas provindas de inteligência artificial, possuem sentimentos, capacidade de discernimento e, mais importante, retenção do poder.

Por conta da capacidade constante de aprendizado, da acumulação de conhecimentos e da hierarquia de poder dentro de qualquer organização, o que confere a essas pessoas o acesso a informações privilegiadas e sigilosas, são elas que podem opinar, confirmar, mentir, desmentir ou apenas falar o que sabem.

A regra de ouro ou o princípio basilar na Atividade de Inteligência, assim como para um jornalista, é: nunca revele a fonte. Pode apostar que seu chefe, se não for um bom profissional neste ramo de trabalho, vai querer que você diga o nome da fonte.

A CIA utiliza o acrônimo MICE, que significa a abreviatura das palavras: *Money, Ideology, Compromise e Ego*. Traduzido para o português, MICE significa Dinheiro, Ideologia, Chantagem (ou Coerção) e Ego, que são considerados como os principais fatores de motivação espontânea, quando a intenção de vazar informações, por exemplo, parte da própria pessoa por razões de suas crenças políticas; ou de vaidade; ou de pressão, principalmente quando uma pessoa é coagida a transmitir conhecimentos sensíveis a um serviço adverso que pratica a chantagem; ou, ainda, por intenção de auferir dinheiro com tal atitude.

Do russo, desde os tempos da NKVD e KGB, tem-se o termo *kompromat* (компромат) que, grosso modo, se traduziria como material comprometedor e que representa algum tipo de informação relacionada a um fato que pode prejudicar ou comprometer uma pessoa politicamente exposta ou de grande ascensão no meio empresarial com exposição pública. Em suma, um *kompromat* serve para chantagear e para exercer influência sobre uma pessoa ou extorqui-la com intenção de ganho monetário.

Um dos aspectos dessa questão, seja MICE ou *kompromat*, é que serviços de inteligência, estatal ou privado, podem se utilizar de técnicas operacionais para angariar informações que possam comprometer uma determinada pessoa, tal como o uso de *honey trapping*, uma espécie de armadilha sexual, em que um alvo é seduzido para ter um romance extraconjugal e, com isso, o fato ser utilizado para chantagem posteriormente.

Há estudos que tentam qualificar ou quantificar qual seria o principal fator de motivação dentro da percepção MICE, sendo interessante o ponto de vista vindo de um ex-agente do MOSSAD em que "há um ditado que diz: 'As mulheres dão e perdoam, os homens recebem e esquecem'. É por isso que o sexo não constitui uma forma de pagamento. Dinheiro, as pessoas não esquecem" (OSTROVSKY, 1990, p. 74).

Segundo Patton (2022, p. 69), esses fatores (MICE) servem igualmente para o setor privado, ainda que menos susceptível às mesmas práticas mais agressivas de uma inteligência adversa contra funcionários do Estado; neste contexto leia-se, inclusive, o uso de tortura.

No setor privado, um colaborador, ao perder seu emprego injustamente ou por não receber uma promoção que considera justa, pode, por conta do seu ego, se decidir por desonrar um termo de confidencialidade vigente entre empresa e funcionário (*Non Disclosure Agreement*) e, assim, repassar informações sigilosas de negócios para um concorrente.

O termo informante, que normalmente é utilizado no meio policial, grosso modo significa aquela pessoa, com ou sem vínculo com uma determinada organização, que transmite conhecimentos para uma agência de inteligência mediante o recebimento de uma recompensa financeira em troca. É implícito afirmar que um informante é uma fonte humana, mas nem toda fonte humana corresponde obrigatoriamente ao papel de informante.

Assim, deve-se ter muito cuidado ao pré-julgar pessoas que de alguma forma se envolveram ou foram envolvidas em algum caso de espionagem. Mais adiante, será apresentado um exemplo de alguém que, espontaneamente, decidiu por se arriscar e, então, enveredar pelo mundo sombrio da espionagem.

Uma recomendação poderia ser deixada aqui para o leitor: evite situações que possam ser utilizadas por algum adversário que venha a tentar chantageá-lo.

 **Necessidade de conhecer é um conceito fundamental na Atividade de Inteligência, que não deve ser confundido com curiosidade. É uma condição associada ao desempenho de uma atividade, independente de grau hierárquico, que se torna indispensável para que uma pessoa, detentora de uma credencial de segurança correspondente, possa ter acesso a dados e informações sigilosas.**

SIGINT – *Signals Intelligence*

A fonte de sinais para a inteligência corresponde à obtenção de sinais que são transmitidos, não somente, mas em sua essência, por ondas eletromagnéticas, sejam elas moduladas na atmosfera ou via cabos, como a fibra óptica.

Nesse contexto de sinais, entenda-se também a captação de informações que são transmitidas não somente por voz, mas também por dados, sejam eles em texto claro ou codificados.

Para ser objetivo, a inteligência de sinais corresponde à coleta ou busca de informações que transitam entre duas ou mais pessoas, entre grupos de pessoas, pelos meios de comunicação existentes, tais como telefones fixos, *smartphones*, fax, troca de e-mail etc.

A NSA representa a maior capacidade de obtenção dessa modalidade de "inteligência".

Em 2006, foi lançado o filme italiano intitulado *In Ascolto*, dirigido por Giacomo Martelli, que, em inglês, recebeu o título *The Listening* e, em português, o de *A escuta*.

Embora tenha sido considerado como um filme de ficção, a tecnologia demonstrada no filme, vide, em 2006, já caracterizava as capacidades da NSA de obtenção de dados, e que, por tabela, também já tornava público nas telas de cinema o programa Echelon.

Por sua vez, em 2002, ou seja, quatro anos antes, Bennett (p. 79) definiu o programa Echelon como um programa de vigilância mútua entre EUA, liderada pela NSA, Reino Unido, liderada pela prima-irmã CGHQ, Austrália, Nova Zelândia e Canadá, e acrescentou detalhes sobre a rede de satélites espiões:

> Cada estação da rede ECHELON tem computadores que pesquisam automaticamente através de milhões de

> mensagens interceptadas entre aquelas que contêm palavras-chave, pré-programadas, em endereços de fax, telex e e-mail. Para as frequências e canais selecionados em uma estação, cada palavra de cada mensagem é pesquisada automaticamente, os operadores do sistema não precisam do seu número de telefone específico ou endereço de Internet na lista (tradução do autor).

Assim, o que se deseja mostrar é que Edward Snowden, quando, em 2013, fez suas revelações ao mundo sobre o programa de vigilância da NSA, empresa para a qual prestava serviços como analista, em realidade, não divulgou nada que os profissionais de inteligência mais atentos já não soubessem, inclusive no Brasil.

Aqueles jornalistas e comentaristas incautos que, à época dos fatos, com razão apresentaram suas críticas em função do espanto pelas revelações, talvez não tenham se apercebido que, como dito, não havia novidade naquilo que Snowden estava propagando.

IMINT – *Imagery Intelligence*

Os dados de inteligência e de contrainteligência produzidos por imagens, desde os primeiros casos de uso de pombos com câmeras de fotografias para em sobrevoo sobre uma área inimiga obterem imagens, passando pelos atuais satélites com resolução de algumas dezenas de centímetros no solo, representa outra relevante fonte para os serviços de inteligência.

Acrescente-se a esses recursos a utilização de aviões especializados nessa atividade como os Lockheed U-2, apelidados de "*Dragon Lady*", *drones*, veículos aéreos não tripulados e balões a grande altura, que permitem decifrar o terreno por onde passam.

O recente episódio do "Balão Chinês" que sobrevoou o território norte-americano, até ser abatido por avião militar, por ordem da Casa Branca, é uma demonstração de capacidades de obtenção de informações não só do terreno, mas também de captar a propagação de ondas eletromagnéticas para futuras análises.

Os EUA acusaram a China de espionagem como mais um capítulo das escaramuças geopolíticas entre os dois países[55], enquanto a China afirmou que se tratava de um balão para levantamento de dados meteorológicos.

Exemplo de imagem satelital para emprego em análise de inteligência acerca de construção de base militar.[56]

55 *"Chinese spy balloon gathered intelligence from sensitive U.S. military sites, despite U.S. efforts to block it"*. Disponível em: https://www.nbcnews.com/politics/national-security/china-spy-balloon-collected-intelligence-us-military-bases-rcna77155. Acesso em: 31 out. 2023.

56 Artigo publicado em 20/10/2023, com o título *"Seattle-built spy satellites deliver real-time Intelligence"*. *A BlackSky image of Ream Naval Base, Cambodia, reveals that China is secretly building a major naval port identical to one it built in Djibouti, the only other major navy base outside its own territory. (Courtesy of BlackSky)*. Disponível em: https://www.seattletimes.com/business/boeing-aerospace/seattle-built-spy-satellites-deliver-real-time-intelligence/. Acesso em: 19 nov. 2023.

OSINT – *Open Source Intelligence*

Segundo Hassan e Hijazi (2018), OSINT refere-se a todas as informações que estão disponíveis publicamente para consulta, portanto, leia-se coleta. Não haveria uma data específica sobre quando o termo OSINT foi cunhado pela primeira vez.

Mesmo que não tenha havido a aposição oficiosa da terminologia propriamente dita, provavelmente a técnica para proveito da inteligência tem sido usada há centenas de anos para descrever o ato de coletar informações por meio da exploração de recursos disponíveis publicamente, desde os primeiros livros e jornais a partir das máquinas de impressão de Gutenberg, no século XV.

As Fontes Abertas para a Atividade de Inteligência podem ser nominadas como a internet; jornais televisivos, escritos ou digitais; artigos de *think tank*; livros; vídeos e fotos, inclusive com seus metadados, disponíveis no YouTube e no Google Maps; e as redes sociais, como Instagram, LinkedIn; Facebook e Twitter (X).

OSINT se distingue de outras formas de inteligência porque deve ser legalmente acessível ao público, sem violar quaisquer leis de direitos autorais ou privacidade[57], e vem ganhando força como uma importante ferramenta, haja vista que, embora não se tenha como provar matematicamente, "estimativas mostram que 90% das informações úteis adquiridas pelas agências de inteligência são provenientes de fontes abertas (OSINT), enquanto o restante dessas informações derivam de fontes secretas tradicionais e da espionagem",[58] observação com a qual o autor concorda.

---

57 Hassan e Hijazi (2018). O livro é uma excelente referência de leitura para os praticantes de OSINT.

58 Ibidem. Tradução do autor.

Um alerta bastante interessante é que *whistleblowers*, como Snowden, ao vazarem documentos, ou o WikiLeaks, ao divulgar também notícias, no seu conjunto, podem mencionar informações que são adredemente protegidas por lei, o que causa um conflito com o conceito de OSINT, que pressupõe que as informações a serem coletadas já eram, previamente, antes de qualquer publicação, originalmente de domínio público, o que não seria o caso das divulgações de informações sigilosas.

MASINT – *Measurement and Signature Intelligence*

Difícil de ser compreendida como fonte de inteligência, mas obviamente de geração de grandes capacidades de dados para o conglomerado de agências de inteligência norte-americanas, que atuam com abrangência global, esta categoria de fonte se refere à captura de dados de objetos, fenômenos, explosões na superfície terrena, submarina ou no subsolo, ou acontecimentos que causem vibrações sonoras por conta de uma explosão, por exemplo, ou que deixem rastros, marcas de calor ou frio e traços de algum tipo de assinatura[59] elétrica, eletromagnética, radioativa, enfim, vestígios e sinais de interesse para a inteligência.

Dado, Informação e Conhecimento

O **dado** para um profissional de inteligência ou contrainteligência é a pepita de ouro em si que se extrai a partir de uma fonte. O dado pode representar um simples fato ou ser o ponto de partida em que se assenta uma discussão, ou ainda o princípio ou base para entrar no conhecimento de algum assunto.[60]

---

59 Para mais detalhes, consultar: https://www.dni.gov/files/ODNI/documents/21113_MASINT_Primer__2022.pdf. Acesso em: 27 out. 2023.

60 Dicionário Michaelis – Moderno Dicionário da Língua Portuguesa, 1998, p. 633.

Dado também significa a descrição de algo, desprovido de análise[61], como, por exemplo, "o barril de petróleo custa, em 13 de novembro de 2023, o valor de US$ 81,50 (oitenta e um dólares e cinquenta centavos)" ou "a taxa de câmbio no Brasil para a compra de um dólar é de R$ 4,90 (quatro reais e noventa centavos)".

Um analista pode e deve trabalhar com a maior quantidade de dados disponíveis, que podem ser provenientes das diferentes fontes concomitantemente, desde que tente se certificar, na medida do possível, sobre a credibilidade da fonte e da veracidade do conteúdo do dado.

A **informação** não é apenas a junção ou adição de dados, pois possui um contexto e um significado mais amplo[62], além de que já recebeu pelo profissional de inteligência, ainda que não tenha sofrido um processo de análise aprofundado, algum tipo de interpretação apropriada a fim de oferecer ao receptor um significado útil dentro de um contexto[63] de interesse para o decisor.

Como exemplo (hipotético), pode-se classificar como uma informação: a taxa de câmbio do real frente ao dólar tem sofrido oscilação desde janeiro de 2023, enquanto, no mercado internacional, houve aumento de dez por cento na cotação do barril de petróleo ao longo do primeiro semestre do ano de 2023. Nesse mesmo período, o Banco Central brasileiro elevou a taxa básica de juros da economia de 10,5% para 12% ao ano. A taxa de inflação esperada para o ano de 2023 é de 4,75%.

---

61 Hassan e Hijazi (2018, p. 5).

62 Patton, 2022, p. 13.

63 Hassan e Hijazi (2018, p. 5).

Um detalhe importante é que tanto um dado de inteligência quanto uma informação, em geral, se referem a algum fato que, obviamente, por já ser um fato, se destinam à narrativa de algo pretérito.

Conhecimento, na Atividade de Inteligência, é o produto nobre, é o ouro lapidado. É a combinação de dados, informações, *insights* e experiências prévias do analista, que descrevem um registro histórico e que auxiliam o decisor a tomar decisões, a depender do contexto temporal, em face de contextos semelhantes[64] ou diante de novas situações que se apresentam.

A partir das informações econômicas que foram exemplificadas acima, considerando ainda as projeções de crescimento do Produto Interno Bruto; as implicações de conflitos militares em países exportadores de petróleo; e as decisões políticas e econômicas, por exemplo, por conta de reforma tributária, em um determinado país, o CEO de uma empresa pode se sentir compelido a fazer novos investimentos ou aguardar por novas oportunidades de negócios, dependendo do conhecimento que lhe fora apresentado.

À guisa de nota, quando você se depara com "fulano disse que a economia vai sofrer um forte crescimento no próximo semestre", o dado de inteligência em si não é o possível crescimento, mas sim "o fulano disse", pois a tal expectativa positiva ainda não virou fato.

Claro que, se o fulano é o ministro da economia de um país, o dado em si, a partir do grau de acesso que a fonte tem a informações privilegiadas e sigilosas, denota algo que no processo de análise deverá receber a devida relevância pelo analista, no sentido de apontar se a tendência da economia é mesmo de crescimento, com base em dados econômicos, ou diferente do que a fonte disse, a de ter um solavanco.

---

64 Ibidem.

Diferença entre coleta e busca

Para quem atua na Atividade de Inteligência, há uma profunda diferença entre os substantivos "coleta" e "busca" de um dado.

Coletar significa a obtenção de dados em fontes abertas, sejam elas quais forem; bem como a extração de informação de uma fonte humana, desde que desprovida da técnica de engenharia social, ou elicitação, que, invariavelmente, representa uma intenção dissimulada de obter algo a mais, fazendo com que uma pessoa divulgue algo sensível sem que se aperceba disso.

Nesse sentido, quando uma pessoa sabe que está sendo entrevistada, significa dizer que o entrevistador está coletando dados e informações, razão pela qual um analista de inteligência deve exercitar como maximizar suas capacidades de coleta de dados, moral e licitamente.

Buscar um dado tem uma conotação técnica bem diferente, pois representa uma ação quase sempre planejada e dissimulada para se obter algo que não está disponível e que pode estar protegido por razões de sigilo, o que se chama de um dado negado.

É nesse meandro que o agente de campo é acionado para obter algum dado negado de interesse, utilizando-se de recursos técnicos, como, por exemplo, o emprego de equipamentos camuflados de gravação de sons e imagens; abertura de gavetas trancadas; ou fotocópia de documentos sem autorização.

Informe - Apreciação - Estimativa - Relatório

Na Atividade de Inteligência, várias designações podem ser adotadas para denominar o produto elaborado pelo analista, qual seja o conhecimento. Basicamente, dependendo da gama de dados coletados, do grau de complexidade do trabalho mental do analista e de seu estado de certeza perante a verdade, o resultado poderá ser representado em quatro tipos de documentos.

Um informe significa um documento básico de inteligência e contrainteligência que se destina a apresentar, o mais rápido possível ao decisor, um dado bruto, sem considerações do analista. Um informe contém basicamente as possíveis respostas para o que, quem, quando e onde, e talvez o quanto, caso haja grandezas envolvidas. O como e o porquê em geral transcendem o trabalho do analista na elaboração de um informe.

Uma apreciação comporta essencialmente o trabalho mais nobre do profissional, a análise, e que se presta a assessorar em nível mais elevado o decisor, de tal sorte que permita traçar estratégias de ação caso a análise tenha alcançado o apontamento de tendências sobre o assunto em estudo.

Uma estimativa é um trabalho bem mais elaborado e complexo, conduzido por uma equipe de analistas, os quais podem, inclusive, se utilizar de ferramentas como o método Delphi para traçar possíveis cenários acerca do tema em questão, além de permitir o estabelecimento de hipóteses e de premissas.

Um RelInt (Relatório de Inteligência), que corresponde ao termo mais comumente utilizado, é um documento com maior grau de flexibilidade para a sua elaboração e que se situa entre um informe e uma apreciação. Caso um RelInt apresente conclusões, subentende-se que houve necessariamente o mínimo de trabalho analítico e não só o apontamento de fatos.

Alvo

A palavra alvo, na contrainteligência, significa uma ou mais pessoas de interesse de uma determinada operação. Uma pessoa alvo não significa necessariamente a aposição da alcunha de bandido, criminoso ou suspeito. Uma pessoa que tenha sido vítima de uma fraude pode ser considerada como alvo em uma determinada operação de vigilância ou contravigilância, justamente para protegê-la.

Princípio do Controle

A Atividade de Inteligência deve se basear em princípios e normas. Por exemplo, o princípio da oportunidade é algo que deve estar na mente de todos que trabalham nessa atividade. Depois do fato ocorrido, o que a inteligência e a contrainteligência poderiam ter feito para evitar um problema, dependendo da magnitude, se torna apenas notícia nos jornais.

A Atividade de Inteligência deve se submeter aos preceitos constitucionais, leis, decretos, políticas e estratégias de Estado, e não a regras de um determinado governo.

Tanto mais controle e supervisão sobre a Atividade de Inteligência haja por parte de representantes do Estado, nesse caso dos representantes eleitos que compõem o parlamento de um país, mais técnico e profissional tenderá a ser o serviço de inteligência estatal.

Esse mesmo pressuposto vale para dentro da própria agência, pois analistas, agentes de campo e os próprios chefes devem obedecer a controles exercidos por uma cadeia hierárquica interna. Um analista sem controle é um problema, um agente de campo solto pelas ruas sem controle e supervisão superior é um problema ainda muito mais grave.

Sobre esse princípio, Gonçalves (2010, pp. 52-57) aponta quatro paradoxos relativos ao controle da Atividade de Inteligência: a dependência do controlador de informações fornecidas pelo controlado, que obviamente pode não fornecê-las e, assim, impede o trabalho do controlador; a atuação do controlador como adversário ou aliado do controlado, o que pode se relacionar com divergências políticas acerca da atuação da agência estatal de inteligência; o controle funcional *versus* o controle institucional, o que traz à tona a possibilidade de uma ampla discussão sobre o próprio apontamento desse paradoxo em razão de quem teria capacidade técnica para controlar; e o sigilo e o interesse público, pois sigilo é uma premissa de atuação para um serviço público de inteligência, sendo que esse tema será novamente abordado em função de um dilema que será apresentado aqui mais adiante.

Agent, Double Agent e Mole

Nos jargões do *tradecraft* norte-americano, são encontrados termos como "*agent*", "*double agent*", "*mole*" e "*dangle*", que não raro são usados indistintamente mesmo por profissionais norte-americanos da Atividade de Inteligência ou por jornalistas e políticos[65] sem a devida precisão dos termos.

> » **Agent** – o profissional "agente" nos EUA, em linhas gerais, tem uma conotação diferente da utilizada no Brasil, tomando-se o assunto pela mera tradução.

Bennett (2002, p. 3) define *agent* como sendo a pessoa que age sob controle de um serviço de inteligência A para obter informações de interesse de A e que, normalmente, é uma pessoa estrangeira que foi recrutada por A para conduzir a obtenção de informações de maneira

---

65 OLSON, 2019, p. 85.

clandestina. Nesse contexto, o agente não seria um funcionário do serviço A, mas sim um nacional do país no qual o serviço A atua e que foi recrutado por A.

London (2021), em toda a narrativa que descreve seu trabalho como um oficial da CIA especializado em recrutar agentes em outros países, ou seja, um "*case officer*", confirma a definição de Bennett.

Olson (p. 86), por sua vez, afirma que nenhum agente pode ser agente duplo se antes não for um agente, se referindo categoricamente que, em contrainteligência, um *agent* é alguém que foi recrutado por um serviço de inteligência estrangeiro.

A definição de agente no Brasil, conforme foi apresentado, está primeiramente coligada com uma atuação de campo ou operacional, partindo-se do pressuposto que o agente operacional tem vínculos com a agência de inteligência de seu país.

Uma maneira de empregar o termo inglês *agent* no contexto brasileiro seria pelo uso do termo agente colaborativo, agente facilitador ou ainda agente recrutado. Mais adiante, poderia ser possível utilizar o termo informante.

Ademais, o termo em inglês *operative* utilizado pela literatura norte-americana é o que mais se aproxima do contexto de agente de campo no contexto brasileiro.

» **Double agent** – segundo Clark e Mitchell (2019, p. 178), um agente duplo clássico, mesmo não sendo um espião, é aquele que possui algum vínculo com o serviço A e foi preparado para se tornar um empregado ou um informante para o serviço de inteligência adverso B, alvo de uma tentativa de infiltração para manipulação ou envio de desinformação, ou ainda para conseguir descobrir os nomes dos funcionários de A que estão traindo a confiança do serviço A em favor de B. Essa definição não deixa claro que esse agente duplo teria algum vínculo empregatício com a agência A ou se seria um informante controlado por A.

O sucesso da operação do duplo agente de A em relação a B depende da confiança depositada por B naquela pessoa que B desconhece ser um agente duplo. Por isso, o serviço de A provê ao duplo agente informações verdadeiras, porém de baixo valor agregado, para fazer com que B continue acreditando na pessoa.

A questão se torna um tanto quanto complicada nessa definição porque Bennett (2002, p. 70) denota em sua definição que o duplo agente é aquele agente recrutado por A e que, em algum momento, trai a confiança de A e passa a trabalhar para B, enquanto se comporta de maneira a fazer com que A continue acreditando na lealdade de seu recrutado.

Bennett acrescenta a questão de que o recrutado possa ter sido obrigado a trabalhar para B por ter sofrido alguma ameaça de B que colocasse sua vida em risco, razão pela qual é considerada como uma operação muito arriscada classificada de "*two-edged sword*".

Nesse possível dilema, haja vista a dificuldade de se falar em lealdade neste tipo de *business*, recorre-se a Olson (2019, p. 85), acrescentando que o uso planejado de um agente duplo por A caracteriza-se pela forma mais ofensiva de emprego da contrainteligência contra B, em razão de riscos elevados inclusive para a segurança física do agente; e que o agente é considerado como duplo de A desde que se mantenha leal ao serviço A, que o recrutou originalmente.

A história tem um nome famoso acerca da atuação de uma mesma pessoa que manteve contatos com dois serviços de inteligência rivais. Ashraf Marwan (1944-2007), um egípcio muito rico e influente por ter trabalho no gabinete de Gamal Abdel Nasser e depois de Anwar Sadat, ex-presidentes do Egito, nos anos de 1960 e 1970, ficou conhecido, por volta do ano de 2002, por ter atuado tanto para a inteligência egípcia quanto para o Mossad, tendo inclusive alertado Israel, horas antes, que o Egito pretendia efetuar um ataque na Península do Sinai, em 1973.

Ashraf Marwan,[66] considerado um importante agente de inteligência pelos dois países, sendo que nenhum dos dois serviços admitem que tenham sido manipulados por um agente duplo, morreu em circunstâncias suspeitas em 2007, em Londres, onde morava, devido à queda do quinto andar do prédio em que residia, o que levantou suspeitas de que ele tenha sido vítima de um assassinato.

> **Mole** – o que pode ser traduzido como traidor, ou ainda no jargão mais policialesco como "rato", "X9", ou "caguete", é aquela pessoa considerada como o maior perigo para o serviço, pois não deixa de ser um traidor. *Mole* se diferencia de agente duplo, pois esse funcionário do serviço A não teria sido instrumentalizado para tentar se infiltrar no serviço B.

Mole seria uma espécie de *insider* que trabalha efetivamente no serviço de inteligência A e é considerado como um funcionário confiável, mas que, deliberadamente, ou eventualmente por coação, se presta

---

66 O filme *The Angel* (2018), O anjo do Mossad, na versão em português, retrata, na visão do diretor do filme, esse episódio.

a passar informações para o serviço adverso B, sem que o serviço A tenha conhecimento dessa atitude.[67]

Bennett acrescenta que esse tipo de pessoa, aparentemente leal ao serviço A, mas que de maneira secreta trabalha para os interesses de B, se constitui na mais valiosa fonte de informações para B, ainda mais dependendo de seu nível hierárquico na organização.

Um exemplo se refere ao coronel da KGB Oleg Gordievsky (1938) que, a partir de 1974, em razão de sua decepção com as políticas adotadas pela URSS, se voluntariou para transmitir informações valiosas para a inteligência britânica sobre aspectos da Guerra Fria, até que, em 1985, foi exfiltrado da Rússia pelo MI6 em função das suspeitas que começaram a pairar sobre sua conduta, o que representou em um dos maiores escândalos para a KGB (BENNETT, 2002, p. 105).

Cover Action e Operação Clandestina

Um artigo da CIA, intitulado *"Coordination and Cooperation in Counterintelligence"*, apresenta a melhor maneira de diferenciar uma operação encoberta (ou secreta) de uma operação clandestina que pode ser conduzida por um serviço de inteligência contra um alvo específico.

Uma operação clandestina, se bem conduzida, permanece totalmente oculta. As autoridades do país alvo não conseguem identificar o que realmente aconteceu por conta da operação em si. Uma operação encoberta (secreta), ao contrário, deve ter um produto ou um resultado palpável e que pode ocorrer com o apoio de material jornalístico em caso de desinformação, ou documentos falsificados para dissimulação,

---

67 Clark e Mitchell (2019, p. 178).

ou ainda algum outro tipo de resultado tangível, como um assassinato seletivo. Por essa razão, o serviço que realiza uma operação secreta sabe desde o início que não pode manter a ação em si em segredo por muito tempo e que uma forma de evitar sua associação direta é por meio do recurso chamado de negação plausível[68] (tradução do autor).

Dead Drop

Dead Drop é uma técnica utilizada no escopo de uma operação de espionagem para ocultar a entrega e o recebimento de algum tipo de material e de pagamento, na qual ambos, fornecedor e recebedor, a partir do estabelecimento de um local previamente combinado, normalmente público, não se encontram fisicamente ao mesmo tempo, mas realizam a troca pretendida de forma discreta.

VIÉS DE COGNIÇÃO

Viés de cognição é uma das maiores ciladas na Atividade de Inteligência, razão pela qual merece destaque.

Este fator relacionado ao comportamento humano corresponde a um determinado padrão de distorção no julgamento, ao longo do desenvolvimento de um raciocínio, pode acarretar uma percepção enviesada ou pouco acurada, além de uma interpretação sem lógica no estudo de um determinado caso.

Zegart (2022), ao discorrer sobre a dificuldade em efetuar análises, cita como exemplo uma "dobradiça da história" representada pela en-

---

68 Disponível em: https://www.cia.gov/static/0b55718cbd758dddd143d0db35bcd-fe0/Coordination-Cooperation-in-Counterintel.pdf. Acesso em: 13 nov. 2023.

trada da China na Guerra da Coreia, após 1950, tendo em vista que, enquanto o general MacArthur, fruto de suas experiências e vitórias na Segunda Guerra Mundial, afirmava ao presidente Truman a certeza da vitória norte-americana, havia muitas pistas e indicativos de que a China poderia tomar partido na guerra, o que foi desconsiderado pela inteligência norte-americana. De concreto, em 1953, o que se viu não foi a vitória esperada, mas sim o estabelecimento de um paralelo dividindo o país em dois, em uma situação de não guerra até os dias de hoje.

Como já dito, o dado é a pepita de ouro que precisa ser lapidada, como o principal ingrediente para que seja possível, a partir do entendimento prévio das causas, chegar-se a um possível entendimento das consequências futuras. Além desse fator, outros três se agregam às dificuldades para uma análise, quais sejam, a assimetria das informações, uma vez que nem sempre todas as informações que um decisor necessita estão disponíveis; a incerteza quando não se sabe se os resultados serão rápidos o suficiente para retroalimentar o processo de análise; e a utilização de técnicas de *deception*[69] empregadas por um oponente para negar ou desorientar um processo de análise (ZEGART, 2022, pp. 111-117).

Existem várias fontes de pesquisa que podem ser utilizadas para exemplificar viés de cognição, sendo que o autor considera os sete vieses esmiuçados por Zegart (2022, pp. 118-131) como a melhor definição diante das bibliografias disponíveis na abordagem específica para a Atividade de Inteligência.

Viés de confirmação

Em geral, pessoas tendem a procurar por evidências que confirmem aquilo que elas acreditam previamente como sendo o correto

---

69 O conceito de *deception* será apresentado na parte V deste livro.

e verdadeiro; com isso, deixam-se levar pelos fatos e acabam por desprezar o que contraria o esperado.

Viés de otimismo

Primo-irmão do viés de confirmação, significa dizer que, por nos considerarmos melhores do que os outros, mais experientes e mais talentosos, é mais fácil adotarmos o caminho otimista que nos traga somente as boas notícias.

Viés de disponibilidade

Considerando que disponibilidade não é sinônimo de probabilidade, seres humanos são cruéis em interpretar probabilidades, porque pessoas são mais susceptíveis a terem mais medo de morrer de um ataque de tubarão, um fato horripilante, porém de baixa probabilidade de acontecimento, em comparação com a morte por acidente de carro, entretanto, muito mais comum de ocorrer no cotidiano, infelizmente.

Assim, pessoas tendem a assumir algo como mais provável de acontecer quando elas se lembram desse algo, ainda mais quando se trata de algo desfavorável e desagradável.

Viés de atribuição do erro

Corresponde à tendência natural do ser humano em acreditar que o mau comportamento de outra pessoa se deve ao problema de personalidade ou falha daquela própria pessoa; enquanto o meu mau comportamento ou o meu infortúnio se deve a fatores fora do meu poder de controle e que são atribuídos a terceiros.

O exemplo clássico seria: quando o aluno tira nota 10 na prova, ele diz "eu tirei 10 na prova". Quando o aluno tira nota 4, o que caracteriza um insucesso, ele diz, "o professor me deu nota 4 na prova", transferindo para o professor a causa do revés.

Viés do efeito imagem

Representa estimar como as pessoas reagirão em determinada situação projetando o que você faria nessa situação. Significa aquela velha expressão "se eu fosse fulano, faria dessa forma".

Viés de enquadramento – problema com números e palavras

Pessoas distintas podem interpretar os mesmos números e palavras de maneiras divergentes.

Por exemplo, Zegart cita um exemplo hipotético que, ao dizer para uma pessoa que ela tem 99,9% de chance de ficar mais bonita tomando uma pílula mágica, é mais agradável aos ouvidos do que dizer que existe a chance de 1 em 1.000 de morrer ao tomar a mesma pílula da beleza; embora, a estatística seja idêntica (99,9% de sucesso é igual à chance de 1 em 1.000 de insucesso).

Viés do pensamento em grupo

Zegart deixa claro que os seis primeiros vieses são atribuídos às pessoas em seus comportamentos e reações individualmente; enquanto o pensamento em grupo significa uma distorção coletiva da realidade, sendo que uma das possíveis causas seria a própria passividade do grupo ou a dominância de um determinado integrante do grupo que conseguisse criar uma coesão, entretanto para o fracasso em relação aos resultados do trabalho.

Ainda nessa toada, Taleb (2007, p. 37) oferece outra contribuição para auxiliar que analistas fujam de ciladas em seus trabalhos cognitivos ao mencionar a problemática da ilusão da compreensão, pois todos acham que sabem o que está acontecendo em um mundo mais complicado do que percebem; e a distorção perspectiva, pois a tendência, ao olharmos somente pelo retrovisor, acarreta abordagens que só ocorrem sobre o pós-fato.

Como exemplo desses possíveis vieses, cita-se o exemplo de Curveball, um caso que pode ser considerado como uma das piores falhas de análise da inteligência norte-americana.

O nome Curveball se refere ao codinome de Rafid A. Alwan (1968), um engenheiro iraquiano que trabalhou em laboratórios no Iraque que foi recrutado pelo serviço de inteligência alemão, provavelmente após 1999.

Curveball transmitiu informações acerca do que seria o desenvolvimento de armas biológicas como parte de um suposto programa iraquiano de armas de destruição em massa (ADM), dado que foi compartilhado pelos alemães com a inteligência norte-americana.

Hoje se sabe com mais detalhes que Curveball[70] foi a única referência, ou fonte, na qual a inteligência norte-americana se alicerçou para concluir sobre esse programa iraquiano de ADM, que deu aos EUA o que considerou como uma das justificativas plausíveis para a invasão ao Iraque, em 2003.

A crítica de Grey (2015, p. 135) não deixa dúvidas de que analistas de inteligência não podem concluir aquilo que a política deseja como resultado esperado.

---

70 À guisa de nota, na Atividade de Inteligência, para se preservar a identidade de uma fonte e de uma operação, aos nomes verdadeiros são invariavelmente atribuídos codinomes, de tal sorte que somente pessoas que tenham necessidade de conhecer o assunto possam tratá-lo sem citar os verdadeiros nomes.

> *[...] tal abordagem à intervenção estrangeira exigia inteligência altamente precisa e confiável. Um olhar atento ao caso Curveball mostra que, mesmo quando as vidas de milhares de pessoas dependem da inteligência, a espionagem pode se transformar em mentira sem muito esforço de consciência, ou mesmo sem qualquer malícia. O caso também oferece pistas sobre como evitar esses desastres no futuro* (tradução do autor).

O que de fato se observou após a invasão é que não houve confirmação alguma de que tal programa tenha efetivamente existido, tendo o engenheiro, oito anos depois, confessado que ele havia produzido "fatos" falsos, e que havia mentido para a inteligência alemã (GREY, p. 141).

Por fim, espera-se que o leitor, ao chegar neste ponto da jornada, tenha gostado dessa síntese sobre a Atividade de Inteligência, pois o assunto é vasto e não se esgotou nestas linhas.

Na próxima pernada da navegação, entre outros aspectos, será abordada a temática da privatização da atividade.

PARTE III

COMPLEXO INDUSTRIAL DE INTELIGÊNCIA

Não subestime o potencial da Inteligência Artificial em apoio à Atividade de Inteligência. Todavia, não cometa o erro de substituir um Analista pelo mero resultado que inteligências artificiais proporcionam em sites de busca.

ÉTICA E MORAL

O que houve de evolução na Atividade de Inteligência e nas ações subsequentes de espionagem desde os tempos bíblicos, passando pelas guerras mundiais e pela Guerra Fria, até os dias atuais?

Na Atividade de Inteligência estatal, é possível afirmar que houve considerável progresso na inserção desse aparato de produção de conhecimentos nas estruturas de governos, com a criação até mesmo de mecanismos de fiscalização exercidos por parlamentares.

Quando se trata da espionagem nua e crua, talvez muita evolução tecnológica tenha ocorrido; todavia, talvez quase nada tenha mudado no quesito escrúpulo. Afinal de contas, a primeira pergunta deveria ser: o quanto houve de evolução moral do ser humano nessa caminhada a fim de que tal prática não fosse mais necessária?

Grey (2015, p. 3) generaliza que espionagem é a arte da traição, pois um espião pode trair a confiança daquele que o recruta. Para ser efetivo em seus afazeres e se manter vivo, um espião necessita contar mentiras. Então, torna-se difícil saber quando está falando a verdade ou não.

Ao mesmo tempo, a espionagem é uma arte humana elementar, susceptível a infinitas formas de permutas, razão pela qual é difícil efetuar generalizações sobre a conduta de uma pessoa que se dispõe a obter informações que estão protegidas e os motivos que a levaram a um ato de subjugar a confiança que lhe foi depositada, sejam eles o dinheiro, a ideologia, a religião, a chantagem ou a ameaça, que se mostram fatores imutáveis desde a Mesopotâmia (GREY, 2015).

Este livro, contudo, não se presta a provocar debates filosóficos, tendo em vista que a realidade persiste, ou seja, é fato que pessoas continuam espionando pessoas; governos e países se espionam mutuamente; e empresas espionam empresas, pelos mais diversos motivos.

Apesar desse breve contraponto, é possível encontrar uma aparente resposta para questões filosóficas na obra *Spying through a glass darkly*, escrita por Cécile Fabre, diante da dialética que a escritora impõe entre a moralidade e imoralidade, ética e antiética, e da responsabilidade democrática no direito de conhecer de um cidadão quanto à espionagem conduzida pela política de seu país, uma vez que "espionagem e governos andam de mãos dadas".[71]

Fabre questiona o que é eticamente permitido e até mesmo o que seria moralmente uma obrigação para um governo fazer no sentido de proteger seu país contra os interesses adversos de uma nação inimiga, sabendo que esse rival poderia espionar seu país.

Fabre indaga o que moralmente um país deve fazer para obter informação acerca de seu oponente ou levá-lo ao engano por meio da transmissão de informações não verdadeiras, até mesmo por conta da necessidade de se defender, o que ela denota como sendo uma possibilidade justa por conta de prerrogativa moral, por assim dizer, de um agente público determinar o emprego da espionagem contra um inimigo para defender os interesses de seu país.

Entretanto, ao mesmo tempo, Fabre lança outro dilema, qual seja o de que o governante tem que utilizar a sua contrainteligência para manter em segredo as informações que não devem ser do conhecimento de seu inimigo, mas que, por conta dessa premissa de segredo, também deixam de ser públicas essas informações e decisões para seus próprios cidadãos, que por razões de requisitos democráticos deveriam ter o direito de saber e conhecer as decisões políticas de seus governantes.

---

71 Tradução do autor.

Enquanto a evolução moral possa ter caminhado a passos mais lentos e tortuosos, tendo a espionagem seu papel de profissão associada como uma das três mais antigas da humanidade, sendo as outras duas a prostituição e a de soldados mercenários (FABRE, 2022, p. 13)[72], certamente a evolução tecnológica nunca foi interrompida desde a Primeira Onda de Alvin Toffler, o que tem influência direta nos destinos de países e da sociedade.

Tratar de moralidade ao falar de espionagem realmente requer sangue frio. Este livro deseja mostrar que há espaço, sim, para profissionais que prezam pela moralidade e ética ao lidarem tecnicamente com a Atividade de Inteligência. Quanto mais pontos de vista de profissionais do setor, mais rica tornará a reflexão, razão pela qual não podem ser desprezadas ou ocultadas as opiniões de dois *Officers Traintants* que, ao dialogarem sobre as características e, *modus operandi* da KGB e da DGSE, deixam claro que neste "jogo perigoso no qual um recrutador está implicado, se a fonte, ou o agente, tiver que ser sacrificada, a fonte será sacrificada" e que "se o recrutador tem problemas com a moralidade, então deve procurar outro emprego"[73] (WAROUX; JIRNOV, 2021, p. 87).

---

72 Sobre soldados mercenários, ao fazer tal comparação, Fabre nos remete à questão do emprego do grupo russo formado de mercenários, conhecido como Grupo Wagner, que, como uma *Private Military Company*, ou grupo privado paramilitar, tem atuado no conflito militar existente na Ucrânia, em razão da invasão militar realizada pela Rússia em fevereiro de 2022. Fabre menciona algo interessante: prostitutas dão ao cliente aquilo que eles desejam, mas não conseguem encontrar sem ter que pagar; os mercenários permitem que governantes façam a guerra mesmo quando esses governantes não conseguem encontrar soldados voluntários, bastando pagar tais mercenários que se prestam a vender seus serviços; e os espiões proveem [doam ou vendem] as informações que os governantes necessitam sobre seus oponentes, internos e externos. Tradução do autor.

73 Tradução do autor. No livro *KGB DGSE 2 espions face à face*, dois ex-recrutadores, um da DGSE e outro da KGB, não demonstraram melindres em falar da realidade. *Officers Traintants*, em francês, é sinônimo de *Case Officer*.

Mais interessante ainda é constatar o que se sabe, quase que como uma espécie de dito popular, que só o outro lado é que pratica a espionagem, sendo que o lado de cá só se defende. Segundo Waroux, a palavra espião está proscrita na DGSE, pois espiões se referem aos homens de um serviço de inteligência estrangeiro, uma vez que o termo possui uma conotação muito pejorativa, o que pode ser considerado como um insulto.

Warou explica que seu papel, enquanto *Officer Traintant* – recrutador, não é espionar, mas sim o de "manipular ou de pagar para que pessoas espionem, de tal forma que essas pessoas livrem a DGSE dessa atividade que poderia ser qualificada de espionagem, pois a DGSE pode até fazer a mesma coisa, mas com um terceirizado interposto na operação" (WAROUX, JIRNOV, 2021, p. 23)[74].

VARIÁVEIS NA EQUAÇÃO APÓS A GUERRA FRIA

Qual seria, portanto, a correlação entre a evolução da prática de espionagem em relação à evolução tecnológica?

Antes de responder a essa indagação, tendo em vista a apresentação, na Parte I, um tanto quanto sintetizada do surgimento das principais agências, que levou à conformação com a qual o mundo se deparou durante a Guerra Fria, passando brevemente pela Crise dos Mísseis em Cuba; Baía dos Porcos; Guerra do Vietnã; Crise dos reféns norte-americanos no Irã; golpes militares na América do Sul; Guerra do Afeganistão (1979-1989); e Revolução de Veludo, sem mencionar outros inúmeros exemplos, faz-se mister abordar o que

---

74 Tradução do autor.

aconteceu nesse setor a partir do momento em que ruiu a barreira simbolizada pelo Muro de Berlim.

Os dois grandes complexos de inteligência estatal formados por EUA e URSS nunca estiveram sozinhos nos bastidores da guerra ideológica entre os dois blocos, além de que no período da Guerra Fria não deixou de haver uma disputa econômica entre países.

Cada potência com seus países aliados tinha seus protocolos de inteligência mais robustos, mesmo que sempre reinasse a desconfiança mútua entre serviços de inteligência, ao mesmo tempo em que disputavam veladamente as esferas de influência sobre os países não alinhados, os neutros, os *proxies*, e os países dispostos a jogar com as duas potências.

O colapso da URSS, tivesse ele sido previsto pelos analistas de inteligência dos EUA ou não, em pouco tempo obrigou a uma série de acomodações de placas tectônicas dentro da nova Rússia e dos países satélites que estavam sob o domínio da KGB.

Como visto, em pouco tempo a KGB se dividiu entre a FSB e a SRV e, a partir daí, diante daquele primeiro instante que a humanidade viveria de um suspiro da Pax Americana, as principais vítimas de desemprego, após a queda do Muro, seriam justamente os funcionários das agências de inteligência russas e, consequentemente, norte-americanas também, que perderam relevância e preponderância diante do novo cenário geopolítico em construção, no qual o grande inimigo[75] estava supostamente derrotado.

Mais além, as agências ocidentais também sofreriam suas "perestroikas" e teriam que sair do armário, não por causa de uma crise de consciência, mas porque tiveram que encontrar novas áreas de atuação; buscar o

---

75 Bearden e Risen (2003, p. 76), em *O grande inimigo*, citam que o ex-presidente Ronald Reagan se referenciava à URSS como o Império do Mal.

apoio público para garantir a aprovação de seus orçamentos; e, acima de tudo, identificar *o que* e *quem* poderiam substituir o velho inimigo representado pela antiga URSS após seu desmoronamento (GREY, 2015, p.7).

Sem falar da questão do terrorismo, que exige estudos concentrados em outras matizes, surgem daí as intenções de emprego alternativo dos serviços de inteligência em função das habilidades de seus agentes para o combate ao crime organizado, ao tráfico internacional de drogas e à imigração ilegal.

A taxa específica de desemprego dos ex-agentes não foi divulgada nos jornais e não faz parte das estatísticas de crescimento econômico dos países. Mas o terremoto quase imperceptível com a chegada ao mercado de trabalho de ex-agentes da KGB, CIA e MI6 não passou despercebido aos olhos dos mais atentos na atividade, ao longo dos anos da década de 1990.[76]

Funcionários experientes que foram treinados e formados com o dinheiro do contribuinte e que passam a vender suas habilidades para as empresas privadas, que, por sua vez, vendem seus serviços de inteligência para o governo, que necessita do imposto pago pelo contribuinte para saldar os contratos por serviços recebidos (JAVERS, 2010) é uma crítica que merece reflexão no contexto que se apresenta.

De qualquer forma, a acomodação no mercado de trabalho estava ocorrendo de maneira paulatina, até que o fatídico e trágico 11/09/2001 aconteceu, quando o mundo assistiu atônito ao ataque com aviões comerciais contra as torres gêmeas nos EUA.

---

76 Esse tema não passou despercebido nem pelos produtores de filmes. O filme *Duplicity*, lançado em 2009, é considerado pelo autor como um clássico que aborda não somente essa migração de dois ex-agentes, um da CIA e outro do MI6, para o setor corporativo. Além de apresentar técnicas de *tradecraft*, o final é surpreendente, pois invariavelmente há um agente duplo.

A nova guerra, agora a Guerra ao Terror, a cruzada norte-americana contra o Talibã e a Al-Qaeda no terreno árido do Afeganistão e, em seguida, a invasão ao Iraque, em 2003, faria com que as agências de inteligência voltassem a ter predominância no cenário decisório das disputas políticas.

Só que agora há uma nova variável no sistema. O setor privado torna-se um fator na equação, no momento em que passa a suprir o governo norte-americano com inteligência em sua nova empreitada global contra o terror.

INTELIGÊNCIA DE ALUGUEL E PRIVATIZAÇÃO

Mercenários, como já sabido, vendem seus serviços a governos para fazerem a guerra quando necessitam de soldados. Mais modernamente, mercenários se vendem para as PMC (*Private Military Companies*), empresas que, por sua vez, vendem seus serviços paramilitares a governos, a exemplo da antiga *Blackwater,* que teve sua imagem negativamente associada à ocupação norte-americana no Iraque e que, posteriormente, teve seu nome englobado pela *Xe Services, Triple Canopy Inc.* até a incorporação pelo grupo *Constellis.*[77]

O Grupo Wagner, em que pese supostamente ter se rebelado contra o governo do presidente Putin, na Rússia,[78] teve seu

77 Em setembro de 2010, a *Triple Canopy* firmou um contrato com o governo norte-americano para fornecer serviços de segurança aos campos militares dos EUA, no Kuwait, tendo como receita o valor de US$ 1 bilhão. Disponível em: https://www.constellis.com/who-we-are/history/. Acesso em: 3 nov. 2023.

78 O advérbio supostamente se deve à falta de evidências mais sólidas de quais teriam sido as intenções de Yevgeny Prigozhin, o poderoso comandante do Grupo

nome novamente citado no noticiário internacional diante da divulgação de que o grupo comprara, em novembro de 2022, dois satélites chineses para emprego no conflito militar em território ucraniano[79], o que lhe daria uma vantagem considerável no campo operacional de batalha e demonstraria a envergadura da empresa de mercenários.

 **Importante relembrar - Inteligência não é sinônimo de Espionagem.**

Possivelmente, a empresa privada de inteligência, pelo menos de investigação, com certeza, mais antiga e conhecida, seja a Pinkerton, fundada nos EUA, em 1850, por Allan Pinkerton, conhecido como um habilidoso detetive e considerado por alguns como um espião que ficou famoso por ter, de alguma forma, frustrado uma conspiração para o assassinato do presidente Abraham Lincoln.

O lema da empresa *Pinkerton's National Detective Agency* ainda é *WE NEVER SLEEP*[80], e que teria sido, portanto, uma fonte de inspiração para a utilização do termo *private eye* (olhos privados, em tradução livre), razão

---

Wagner, em marchar contra Moscou, em 23 de junho de 2023, em uma espécie de motim, e que morreu, em 23 de agosto de 2023, após o avião no qual estava viajando sofrer uma explosão.

79 *"Chinese firm sold satellites for intelligence to Russia's Wagner: contract."* Disponível em: https://www.france24.com/en/live-news/20231005-chinese-firm-sold-satellites-for-intelligence-to-russia-s-wagner-contract. Acesso em: 30 out. 2023.

80 O site da Pinkerton apresenta uma gama de serviços que, embora não mencionem as palavras inteligência e contrainteligência, obviamente, fazem parte do bojo de capacidades dessa empresa global de investigação. Disponível em: https://pinkerton.com/. Acesso em: 2 nov. 2023.

pela qual Allan Pinkerton seria considerado o inventor da inteligência privada, cujo foco de sua empresa naquela época era o combate ao crime contra a propriedade privada (JAVERS, 2010, p. 35).

A partir do termo *private eye*, desde os anos de 1850, por extensão, poder-se-ia com o transcorrer dos tempos derrogar a expressão para *private spying* (espionagem privada, em tradução livre) com a acepção da atividade muito mais ampla de aplicação não só para o próprio setor privado, mas como forma de apoio concomitante ao setor governamental.

O negócio da investigação privada é composto por um misto de pessoas dispersas, mas com conhecimentos especializados, muitas de origem militar ou ex-policiais, treinadas para esse trabalho em órgãos de governo, motivadas posteriormente para atuação no setor privado pelo dinheiro, aventura, oportunidade de viagens e, principalmente, pela busca do poder que advém da ação de vigiar pessoas, de acordo com Barry Meier, em *The Secret Rise of Private Spies* (2021, p. 11), transformando esse setor em um apêndice das empresas que, de alguma maneira, além de investigações, conduzem atividades de inteligência.

O profissional chamado de *Private Operative*, traduzido para o português como agente operacional privado, se utiliza de jornalistas, por exemplo, para fazer com que informações se tornem públicas, com o intuito de beneficiar um cliente ou atingir a imagem de um adversário, não deixando rastro da ação de investigação a partir desse apoio intermediário (MEIER, 2021). Um exemplo famoso, embora não seja oriundo de um agente privado, se refere ao caso Watergate, em que muito tempo depois ficou-se sabendo que o responsável por vazamentos de informações acerca das investigações que culminaram na renúncia, em 1972, do presidente Nixon, era o vice-diretor do FBI que mantinha contatos com os dois jornalistas que expuseram o caso na mídia (WOLOSZYN, 2013).

Os agentes de um serviço de inteligência estatal e os investigadores privados têm um paralelo em comum, na medida em que ambos fingem ser alguém que verdadeiramente não são, tal como um homem de negócios, um professor, um médico ou um técnico de futebol, como no caso revelado pelo jornal *The New York Times*, em março de 2023, em que um pacato homem alemão de 52 anos, que atuava como técnico de futebol para as crianças em sua comunidade, um *grey man*, na verdade era o diretor de reconhecimento técnico do serviço de inteligência alemão, o BND, e que fora preso por acusação de atuar como espião para a Rússia, em um caso que estremeceu a inteligência alemã.[81]

No mundo da espionagem privada, a informação é a moeda, e os investigadores privados cavam tudo o que podem sobre qualquer possível tema de interesse que seja passível de ser vendido ao cliente ou servir de isca para atrair potenciais clientes. Por isso, Meier (2021, p. 71), ao descrever detalhes do que pesquisou sobre o dossiê produzido por Christopher Steele, um ex-agente da inteligência britânica, que, atuando de forma independente, supostamente vinculou o ex-presidente Donald Trump a interesses russos durante a campanha à Casa Branca, em 2016, menciona claramente que advogados também são clientes de empresas privadas de espionagem, que transformam as informações obtidas

---

81 *"A Russian Mole in Germany Sows Suspicions at Home, and Beyond"* – *"A director at Germany's spy service was picked up on suspicion of passing intelligence to Russia. German officials and allies worry just how deep the problem goes"*. Disponível em: https://www.nytimes.com/2023/02/17/world/europe/germany-russia-spies.html?smid=li-share. Acesso em: 3 nov. 2023.

por métodos não convencionais "em inteligência". Obviamente, esse exemplo deixa claro que a classe política também é cliente dessas empresas.

Além disso, outro aspecto metamorfoseado entre o estatal e o privado se desvela pelos equipamentos de vigilância eletrônica e de interceptação de sinais, como os famosos equipamentos "IMSI Catcher" (*International Mobile Subscriber Identity-Catcher*), antes com preços exorbitantes e exclusivos para uso de agentes estatais, que tiveram seus preços barateados no ramo da espionagem e a venda desvirtuada para atores privados em mercados paralelos (MEIER, 2021, p. 198).

O documentário *Spy Merchants,* produzido pela Al Jazeera, em 2017, sobre a comercialização de IMSI Catcher, mostra com detalhes as ligações que transbordam entre o público e o privado, inclusive com grupos criminosos transvestidos em empresas de fachada, ao comercializarem esse tipo de equipamento que permite a vigilância de pessoas de interesse.[82]

Em outra linha de investigação jornalística, em 2008, Tim Shorrock escreveu em seu livro *SPY FOR HIRE* (*Espiões de Aluguel*, em tradução livre) que, nos últimos dez anos, o que remonta ao início do novo milênio, o setor privado tinha se tornado o

---

82 Para tanto, assistir ao documentário da Al Jazeera Investigations, *Spy Merchants*, divulgado em 2017.
"Al Jazeera's Investigative Unit enters the secretive world of the surveillance industry. Spy Merchants reveals for the first time how highly invasive spyware, which can capture the electronic communications of a town, can be purchased in a 'grey' market' where regulations are ignored or bypassed. Mass surveillance equipment can then be sold onto authoritarian governments, criminals or even terrorists." Disponível em: https://www.youtube.com/watch?v=_HA-cEMKCDs. Acesso em: 1 nov. 2023.

principal fornecedor de ferramentas e de "cérebros" para a comunidade de inteligência dos EUA.

A CIA, a NSA e outras agências anteriormente reconhecidas pela qualidade de suas análises de inteligência e pela destreza técnica em operações encobertas, vigilância eletrônica e operações de reconhecimento tinham terceirizado as principais tarefas para as empresas privadas de inteligência. Como resultado, o mercado doméstico da espionagem tinha atingido cifras da ordem de 50 bilhões de dólares anualmente, por volta de 2008, em função de um verdadeiro programa de *outsourcing*, leia-se terceirização, da inteligência estatal, por meio de subcontratações de empresas privadas (SHORROCK, 2008).

Em 2006, de acordo com o *Office of the Director of National Intelligence*, aproximadamente três quartos do orçamento do setor de inteligência eram gastos em contratos com empresas privadas, razão pela qual a espionagem de aluguel teria se tornado a mina de ouro do século XXI, nos EUA, em especial após o atentado terrorista de 9/11/2001 e a invasão do Iraque, em 2003, o que teria levado somente a CIA, nos idos de 2008, a gastar cerca de cinquenta por cento de seu orçamento anual, estimado na casa de 5 bilhões de dólares, em contratos privados (SHORROCK, 2008).

O grau de interação entre a comunidade de inteligência norte-americana, em todos os aspectos, HUMINT, SIGINT e IMINT, com o setor privado chegou a tal ponto que os executivos dessas empresas encorajavam seus funcionários a pensarem como se fossem uma extensão dos órgãos governamentais; entretanto, Shorrock (2008, p.36) faz um importante alerta: "empresas têm deveres de lealdade com seus acionistas e não com países".

Como exemplo recente, que pode confirmar essa interação público-estatal, cita-se a CACI[83], outra empresa do chamado complexo industrial de inteligência[84] norte-americano, que, em agosto de 2023, firmou um contrato da ordem de 2,7 bilhões de dólares com a NSA para prover capacidades de análise de inteligência.[85]

Em 2010, quando Javers lançou seu livro *Broker, Trader, Lawyer, Spy,* afirmou que, embora permanecesse ainda largamente como uma indústria encoberta, o ramo da espionagem privada estava se tornando uma parte integral na maneira como as empresas faziam negócio em todo o mundo, depois que ex-agentes da KGB e CIA haviam se dedicado ao mercado privado.

Em 2010, vender serviços de inteligência privada para o governo já se demonstrava um negócio bastante lucrativo, o que permite indagar como estaria o mercado nos dias de hoje, tendo como exemplo uma das empresas de consultoria citadas por Javers (2010, p. 35), a Booz Allen Hamilton, que, na época, tinha 19.000 funcionários. Na pesquisa realizada no site da empresa na internet, em 2023, constata-se que a Booz, como uma empresa global, tem 32.600 funcionários.[86]

---

83 A CACI apresenta-se como *"ever vigilant in helping our customers meet their greatest challenges in national security and government modernization. Our distinctive expertise and technology deliver innovation and excellence."* Disponível em: https://www.caci.com/about-caci. Acesso em: 3 nov. 2023.

84 Shorrock (2008, p.197).

85 Disponível em: https://investor.caci.com/news/news-details/2023/CACI-Awarded-2.7-Billion-National-Security-Agency-Contract-to-Provide-Intelligence-Analysis/default.aspx. Acesso em: 3 nov. 2023.

86 Na página da Booz, é possível comprovar que a inteligência é uma de suas verticais de atuação. *"Military and intelligence leaders have relied on us to support critical*

Nesse mercado privado ainda há uma relação pouco mencionada, qual seja, aquele alguém que contrata alguém que subcontrata alguém que contrata outro alguém para investigar alguém, sendo que as empresas de *lobbying* dizem que não são pagas para fazer *lobby* pelo cliente, mas sim para prestar consultoria ao cliente, a exemplo de grandes empresas de auditoria (JAVERS 2010, p. 21), o que expande o leque do setor ainda mais, podendo-se acrescentar nessa cadeia produtiva as grandes bancas de advocacia.

Muito cuidado deve-se ter antes de fazer negócios com empresas privadas com as quais se tenham poucos conhecimentos iniciais, razão pela qual uma boa *due dilligence* é uma rotina obrigatória, pois *front companies* ou ONG, (Organização Não Governamental) são criadas inclusive por serviços de inteligência, organizações criminosas, grupos políticos, ou até mesmo grupos terroristas para agir sob os interesses de um grupo maior e que deseja se manter oculto.

As agências de inteligência, com mais habilidades e tecnicidade, podem se utilizar de empresas de fachada para fornecer uma "cobertura" às operações clandestinas; além de servir de apoio, quando necessário, pela utilização do recurso da negação plausível (*plausible deniability*) para suas ações; além de permitir, ainda, a atuação como fonte de renda, a fim de subvencionar as próprias ações secretas ou clandestinas.

———

intel missions from the World War II [...] through the evolution of cyber attacks [...] Our [...] support of clients across the intelligence community, the Department of Defense, [...] in areas like cybersecurity, analytics, digital transformation, and space defense [...] we help the intelligence community transform to fulfill the national intelligence policy directive to be more integrated, [...] to protect assets, even in space.". Disponível em: https://www.boozallen.com/markets/intelligence.html. Acesso em: 2 nov. 2023.

CORRELAÇÃO ENTRE EVOLUÇÃO TECNOLÓGICA E ESPIONAGEM

Aceita a realidade de que haja uma estreita relação entre agências de inteligência com empresas privadas que ofertam serviços de inteligência e de contrainteligência, estratégica, operacional ou tática, a primeira menção conhecida do termo "Espionagem de Quarta Geração" ocorreu, em 3 de dezembro de 2018, durante o pronunciamento do chefe do MI6[87], que teve o intuito de sensibilizar os profissionais da Atividade de Inteligência, talvez não só os britânicos, mas também outros profissionais da comunidade de inteligência aliada, ou mandar um recado aos adversários, sobre as implicações no trabalho das agências de inteligência tendo como espectro de análise a quarta revolução industrial em curso.

Na visão do MI6, por ser uma das poucas agências de inteligência verdadeiramente globais, com capacidades de compreender problemas nas suas fontes de origem, em qualquer lugar do mundo; com recursos para recrutar e controlar agentes secretos, inclusive de se infiltrar em organizações terroristas; e com recursos para detectar e combater os esforços de atores estatais e não estatais envolvidos no tráfico de drogas e na proliferação de armas nucleares e químicas, faz-se necessário ao MI6 estar, portanto, preparado para assessorar corretamente o governo do Reino Unido e seus aliados.

Em função da [r]evolução digital, que o mundo assiste, na onda da quarta revolução industrial, o MI6 entende que deve, por conseguinte, conduzir uma "espionagem de quarta geração", com foco na fusão

---

87 O discurso na íntegra encontra-se disponível em: https://www.gov.uk/government/speeches/mi6-c-speech-on-fourth-generation-espionage. Acesso em: 16 out. 2023.

de habilidades humanas tradicionais justamente em razão da inovação tecnológica acelerada; no estabelecimento de novas parcerias, sem mencionar exatamente com quem, sejam essas parcerias com outras agências estatais ou até mesmo com empresas privadas; e na adoção de uma mentalidade que mobilize a diversidade e o empoderamento dos jovens.[88]

A visão ora realista, ora idealista, do MI6, eventualmente propagandista, impõe, no entanto, reflexões mais aprofundadas, ainda mais depois da pandemia de COVID-19, que representou um campo fértil para ações de espionagem no setor farmacêutico[89], por exemplo.

A chamativa para reflexão se deve ao pensamento de que, possivelmente, a mesma tecnologia que revoluciona positivamente os serviços de inteligência e de contrainteligência para se contraporem aos interesses adversos, pode ser a mesma tecnologia que o lado antagônico emprega para se beneficiar e atingir seus objetivos, sejam eles válidos ou não.[90]

Por isso, a espionagem da quarta geração pode significar uma situação de tempestade perfeita[91] para os serviços de inteligência e

---

88 Tradução do autor.

89 Vide, entre outros casos, o que ocorreu com o laboratório Pfizer. "*Pfizer sues departing employee it says stole COVID-19 vaccine secrets*". Disponível em: https://www.reuters.com/business/healthcare-pharmaceuticals/pfizer-sues-departing-employee-it-says-stole-covid-19-vaccine-secrets-2021-11-24/. Acesso em: 16 out. 2023.

90 No momento em que essas ideias são formuladas para tomar forma no papel, o mundo se depara com a barbaridade do ataque terrorista conduzido pelo grupo terrorista "Hamas", contra Israel, ocorrido em 7/10/2023, o que permite inferir que tenha ocorrido razoável apoio tecnológico de atores estatais para o intento.

91 "*Fourth Generation Espionage: The Making of a Perfect Storm*". Artigo da autoria de Val LeTellier, ex-oficial da CIA, publicado em 3/08/2021, pelo site ClearanceJobs. Disponível em: https://news.clearancejobs.com/2021/08/03/fourth-generation-espionage-the-making-of-a-perfect-storm/. Acesso em: 16 out. 2023.

de contrainteligência, pois os recursos tecnológicos estão disponíveis para os dois lados da mesma moeda.

Essas tecnologias presentes no cotidiano de muitas pessoas e empresas ampliam sobremaneira a gama de atuação dos profissionais que se debruçam na tarefa de identificar e neutralizar espiões, com aspectos positivos e mutuamente negativos.

O que se segue não limita as, talvez, inúmeras tecnologias que o ser humano possa continuar a desenvolver, mas permite a reflexão de quais serão as implicações pela utilização dessas novas tecnologias para os profissionais de inteligência e contrainteligência, razão pela qual entende-se que o termo "contrainteligência de quarta geração" tenha fundamento, como decorrência do que foi mencionado.

» Machine Learning e Inteligência Artificial;

» Internet das Coisas (IoT);

» Geolocalização de equipamentos conectados em redes 5G;

» Sistemas de vigilância digital com alta definição com capacidade de seleção e acompanhamento de alvos (pessoas);

» Circuitos de monitoramento de áreas públicas e privadas com reconhecimento facial integrado a banco de dados;

» Desenvolvimento de centros operacionais integrados com tecnologias que oferecem a condição de "cidades inteligentes";

» Mineração de dados (*Data Mining*) com elevadas capacidades de processamento de dados;

» Telemetria veicular;

» Computação quântica que, entre outras aplicações, permite a quebra dos atuais sistemas de criptografia;

» Mapeamento avançado de DNA humano;

» *Blockchain*;

» Criptomoedas;

» WEB 3.0;

» ChatGPT;

» Uso massivo de *drones*.

As tecnologias que foram citadas podem ser consideradas como aprimoramentos que se destinam ao desenvolvimento socioeconômico com uso dual, para fins pacíficos ou militares e em diversos setores da indústria de bens e serviços.

Porém, como lidar com a questão, por exemplo, das *deep fake*, técnica calcada em inteligência artificial que permite a síntese de imagens e sons humanos e, por conseguinte, a geração de vídeos falsos associados a uma pessoa?

Warmka (2021, p. 143), ao confessar suas habilidades profissionais como *ex-operative* da CIA, obriga a uma reflexão quando afirma que hackers ou *social engineers*, atualmente, ainda dispõem de recursos limitados para analisar, em tempo real, as comunicações verbais e as emoções das pessoas, em função das capacidades existentes de coletas de dados. Entretanto, devido aos avanços decorrentes de tecnologias associadas à inteligência artificial, Warmka instiga o raciocínio de que esses *social engineers* poderão, nos próximos 25, 50 ou 100 anos, criar robôs que serão capazes de imitar as formas humanas, o que só tende a criar recursos ainda mais avançadas destinados à manipulação das reações e emoções das pessoas[92], posição com a qual o autor concorda.

Assim, os aspectos positivos e negativos dessas novas tecnologias se devem à questão de que o *"tradecraft"* tradicional, na visão de LeTellier, ao trazer à baila um quadro de tempestade perfeita, apresenta-se como publicamente inadequado ou ineficiente em razão de um novo ambiente operacional, quase todo *on-line*, o que reforça a tese de que a chegada da quarta revolução industrial deve ser vista como um ponto de inflexão para os serviços de inteligência,[93] permitindo, inclusive, separar aqueles que se aproveitarão positivamente dos avanços da tecnologia a seu favor, daqueles que serão vítimas dela.

Uma visão mais pessimista da influência da tecnologia sobre a espionagem é observada também por outro ex-funcionário da CIA, o qual considera que a velha formatação do *tradecraft* tradicional de manter agentes secretos operando nas sombras está obsoleta, por culpa da tecnologia.[94]

Esse assunto em torno das interferências de novas tecnologias que possam impedir uma operação de espionagem clássica, na visão do autor, tem uma parcela de sua origem em torno do frenesi que tomou conta da comunidade de inteligência nos EUA, em 2021, após a divulgação

---

92 Ainda segundo Warmka, outra afirmação sobre engenharia social merece atenção, qual seja a de que pela natureza humana "você é programado para acreditar", o que tende a facilitar ainda mais as ações de grupos inescrupulosos que visam manipular um alvo. Veja vídeo disponível em: https://www.youtube.com/watch?v=QylMFbbc_ws.

93 Tradução do autor.

94 *"The old way of spying has become obsolete, says one expert. The culprit is technology"*, que apresenta o ponto de vista de Duyane Norman, ex-oficial da CIA. Disponível em: https://www.nbcnews.com/politics/national-security/human-spies-have-become-obsolete-says-o-ne-expert-culprit-technology-n1280965. Acesso em: 17 out. 2023.

em jornais de grande circulação que diversos agentes e informantes da CIA, que operavam em solo chinês, haviam sido descobertos, capturados e até mesmo assassinados.

Evidentemente que não se pode deixar de considerar, com a devida atenção, a questão de que tal operação de contrainteligência chinesa de neutralização de espiões dentro do próprio país tenha suas origens, conforme divulgado na mídia[95], na suposta capacidade tecnológica chinesa de ter interceptado e descriptografado comunicações secretas da inteligência norte-americana.

O uso do adjetivo suposto se aplica em razão de ser razoável formular a tese de que tais agentes possam ter sido identificados por conta da ocorrência de vazamentos de seus nomes, tomando-se como exemplo o famoso caso de Robert Hanssen (1944-2023), ex-agente do FBI, que se apresentou para espionar para a União Soviética, de 1979 até 2001, ano de sua captura, e que contribuiu para identificar russos que cooperavam com a inteligência norte-americana. Ele recebeu, ao longo dessa traição, mais de 1,4 milhão de dólares.[96]

Suas ações de espionagem descritas em diversos livros são tidas como, possivelmente, um dos piores desastres de contrainteligência na história americana, tendo em vista que Hanssen ocultou sua verdadeira identidade até mesmo para a KGB, o que tornou ainda mais difícil sua identificação, razão pela qual Olson (2019, p. 21) afirma que o crime de espionagem é um delito difícil de ser provado.

---

95 *"Captured, Killed or Compromised: C.I.A. Admits to Losing Dozens of Informants"*, publicado pelo *The New York Times*, em 5/10/2021. Disponível em: https://www.nytimes.com/2021/10/05/us/politics/cia-informants-killed-captured.html. Acesso em: 17 out. 2023.

96 Robert Hanssen morreu em junho de 2023, na prisão onde cumpria pena de prisão perpétua.

As infiltrações em redes de espionagem da CIA, calcadas principalmente em fontes humanas (HUMINT), seriam o resultado lógico da evolução tecnológica que tornaria muito difícil manter de pé as identidades falsas e os disfarces[97] dos agentes de campo.

Nesse sentido, os registros em telefones celulares, sem falar por ora no perigoso *spyware Pegasus* da empresa israelense NSO; as postagens em mídias sociais que deixam um rastro sobre a pessoa na internet, bem como indicativos do padrão de comportamento socioeconômico; os metadados de fotografias que permitem conferir datas e locais; a disponibilidade de supercomputadores que processam grandes quantidades de dados, ou seja, Big Data, e com capacidade de correlacionar dados de pessoas individualmente ou de grupos de indivíduos; as tecnologias de reconhecimento facial associadas aos sistemas de controles de acessos nos mais diversos ambientes públicos-privados; o crescente aprimoramento do conceito de *smart cities* (cidades inteligentes), se mostrariam como fatores determinantes para obrigar os profissionais da Atividade de Inteligência a reestudarem o ambiente de negócio da espionagem.

O ESCUDO DIPLOMÁTICO

No Brasil, o Decreto presidencial nº 56.435, de 8 de junho de 1965, promulgou a Convenção de Viena sobre as Relações Diplomáticas, sendo que, no seu artigo terceiro, entre outras funções, consta como atribuição da

---

97 No jargão técnico da Atividade de Inteligência, o disfarce de um agente chama-se de "estória cobertura"; embora, no mesmo contexto do assunto, não se deve descartar o uso de máscaras, barba postiça e perucas para impor um disfarce na aparência física. Isso parece "velho", mas ainda existe. Acredite!

missão diplomática a de "inteirar-se por todos os meios lícitos das condições existentes e da evolução dos acontecimentos no Estado acreditado e informar a êsse (*sic*) respeito o Govêrno (*sic*) do Estado acreditante"; bem como que os membros da missão diplomática "gozam de inviolabilidade pessoal e domiciliar. Isto é, não podem ser objeto de prisão ou detenção e, ainda, sua residência tem a mesma proteção que os locais da Missão".[98]

Desde Nicolau Maquiavel, diplomatas estudam para fazer diplomacia em favor dos interesses de seus Estados e não para serem agentes estatais de espionagem. Acontece que Embaixadores, Ministros de Segunda Classe e Secretários não podem, ao menos, deixar de conhecer os meandros desse tema. Isto porque não seria absurdo afirmar que, além de degustarem champagne e caviar nos coquetéis promovidos pelas embaixadas mundo afora, seria uma obrigação de representantes diplomáticos, a despeito de qualquer ligação direta com a(s) agência(s) de inteligência de seu próprio Estado, obter contatos com fontes humanas que lhes forneçam informações úteis para seu governo.[99]

Esse mesmo escudo que protege brasileiros em missão diplomática, protege dezenas ou talvez centenas de adidos culturais e adidos de negócios das mais diversas embaixadas estrangeiras em todo o mundo,

---

98 Disponível em: https://www.planalto.gov.br/ccivil_03/decreto/antigos/d56435.htm. Acesso em: 17 out. 2023.

99 O autor exerceu cargo diplomático e não raro foi abordado em eventos sociais por representantes diplomáticos de outros países que desejavam sondar informações, por exemplo, sobre os desdobramentos políticos no Brasil, por ocasião do processo de impeachment ocorrido, em 2016; bem como, sobre detalhes do programa nuclear brasileiro, a cargo da Marinha do Brasil. Ressalta-se que no cargo de Adido Militar, com subordinação ao Embaixador, é terminantemente proibido realizar qualquer busca de informações. Uma das responsabilidades do Adido é a de coletar dados em fontes abertas e por meio de seu relacionamento interpessoal na comunidade diplomática e com demais interlocutores afetos ao exercício do cargo.

inclusive no Brasil, que "durante o dia se passam por diplomatas e à noite saem para encontrar e recrutar fontes humanas usando nomes falsos"[100] e um cartão de visita de uma empresa de fachada, quando, na verdade, são agentes (ou recrutadores) de um serviço de inteligência com o propósito de obter informações sigilosas, sejam elas de caráter político, econômico, militar ou de negócios entre empresas.

A ideia de que os oficiais da CIA possam continuar a se passar por diplomatas de dia e sair à noite para encontrar e recrutar fontes usando pseudônimos – sem que esses agentes eventualmente sejam expostos – realmente remete a questionamentos, pois como um norte-americano que teve seu perfil exposto nas redes sociais poderá, mesmo depois de treinado pela CIA, atuar na França, Rússia ou China, com um nome falso e fingindo ser um executivo de negócios, quando sistemas podem fazer cruzamentos de imagens provenientes de redes públicas de vigilância, com subsistemas de reconhecimento facial, aliado à comparação com dados de embarque em voos internacionais, dados de passaporte, entrada/saída por alfândegas de portos e aeroportos e ainda fazer verificações junto às listas de hóspedes em hotéis, sem falar em cruzamento de dados provenientes de uso de cartões de crédito.

Neste diapasão, em abril de 2022, o jornal *The Guardian* publicou uma reportagem intitulada *"Spy games: expulsion of diplomats shines light on Russian espionage"*[101] que, a despeito dos desdobramentos do conflito militar na Ucrânia e possíveis cometimentos de crimes de guerra, escancarou a questão, quase que sem precedentes, de uma onda de expulsão de mais de 400 diplomatas russos por governos europeus, ao longo dos

---

100 Apud Duyane Norman, ex-oficial da CIA.

101 Disponível em: https://www.theguardian.com/world/2022/apr/15/spy-russian-diplomats-europe-espionage-ukraine. Acesso em: 15 nov. 2023.

últimos anos, e que levantou questionamentos sobre a linha tênue entre a diplomacia e a espionagem. O artigo fez críticas aos europeus por estarem sendo, provavelmente, inocentes diante da ignorância quanto às práticas de operações clandestinas de russos em solo europeu.

Até meados do segundo semestre de 2023, pela imprensa internacional foi possível constatar que Polônia, Alemanha, Suécia, França[102] e Noruega[103] expulsaram nacionais russos envolvidos em suspeitas de atividades de espionagem que se valiam da proteção diplomática, além de prisão de nacionais búlgaros acusados de espionagem em favor de interesses russo[104], sendo interessante notar que capitais como Genebra, Viena, Berlim, Paris, Bruxelas e Londres disputam o título de capital da espionagem.[105]

——————

[102] Reportagem da revista *Le Point*, de 28/10/2023, "*Russie: 200 diplomates empêchés d'entrer dans les pays de l'UE*", especificava o total de 452 diplomatas expulsos não só na Europa, desde fevereiro de 2022, quando teve início a invasão russa na Ucrânia, sendo que na França haviam sido expulsos 41 diplomatas russos, além das restrições de concessão de novos vistos para russos. Disponível em: https://www.lepoint.fr/monde/russie--200-diplomates-empeches-d-entrer-dans-les-pays-de-l-ue-28-10-2023-2541150_24.php. Acesso em: 19 nov. 2023.

[103] Em abril de 2023, foi noticiado que a Noruega havia expulsado 15 diplomatas russos por suspeita de espionagem. Disponível em: https://www.epochtimes.com.br/noruega-expulsa-15-diplomatas-russos-por-suposta-espionagem_184766.html. Acesso em: 15 nov. 2023.

[104] Disponível em: https://www.independent.co.uk/news/uk/crime/russian-spies-in--uk-espionage-bulgarians-cps-b2416412.html. Acesso em: 15 nov. 2023.

[105] A lista de capitais pode ser ainda maior. Na Itália, em março de 2023, um Oficial da Marinha italiana foi condenado a 30 anos de prisão por ter cometido crime de espionagem em favor do governo russo, após ser flagrado, em 2021, entregando documentos, entre eles da OTAN, a dois oficiais russos, que na sequência foram expulsos da Itália. Disponível em: https://istoe.com.br/militar-italiano-e-condenado-a-30-anos--por-espionagem/. Acesso em: 15 nov. 2023.

UM ESPIÃO RUSSO OPERANDO A PARTIR DO BRASIL

O exemplo mais recente de que estórias-coberturas de agentes podem ser desmascaradas se passou justamente com um nacional russo que se fazia passar por brasileiro, o que demonstra que os exemplos europeus podem servir de referência para o Brasil.

Em 16 de junho de 2022, o grupo de investigação Bellingcat divulgou uma matéria[106] em seu site que anunciava que a inteligência holandesa havia emitido um comunicado, naquela mesma data, informando que um suposto homem brasileiro, Victor Muller Ferreira, na verdade um agente do serviço de inteligência militar da Rússia, o GRU, havia sido deportado para o Brasil por tentativa de entrada na Holanda com documentos falsos, na data de 2 de abril de 2022. Ou seja, o fato foi divulgado cerca de dois meses após sua ocorrência.

Embora diversos outros canais de notícias tenham, no mesmo dia, também postado matérias sobre o assunto, o fato de o artigo no site Bellingcat afirmar que a nota oficial do serviço de inteligência holandesa AIVD fora datada no mesmo dia do artigo,[107] no mínimo chama a atenção, pois seria possível indagar como foi possível ao Bellingcat, então, no mesmo dia preparar seu artigo que acrescenta informações valiosas ao caso e com uma vasta pesquisa do perfil de "Victor" nas redes sociais?

---

106 *The Brazilian Candidate: The Studious Cover Identity of an Alleged Russian Spy*. Disponível em: https://www.bellingcat.com/news/americas/2022/06/16/the-brazilian-candidate-the-studious-cover-identity-of-an-alleged-russian-spy/. Acesso em: 19 out. 2023.

107 A postagem no site do AIVD tem o horário local de 14h40. Disponível em: https://english.aivd.nl/latest/news/2022/06/16/aivd-disrupts-activities-of-russian-intelligence-officer-targeting-the-international-criminal-court. Acesso em: 28 out. 2023.

 **Lembre-se: na inteligência não há coincidência.**

A despeito dessa inquietude do autor, "Victor", em realidade Sergey V. Cherkasov, nome russo verdadeiro, havia se dirigido à Holanda, onde iniciaria um estágio no Tribunal Penal Internacional, o que poderia lhe render acesso a informações sigilosas e relevantes, consequentemente, para o governo russo, sobre crimes de guerra cometidos na Ucrânia.

Não obstante o uso de documentos falsos que foram obtidos no Brasil, tais como certidão de nascimento, Victor, nascido em Kaliningrad, realizara anteriormente um curso na Universidade Johns Hopkins, nos EUA, passando-se por brasileiro, no contexto de sua "*legend*"[108], o que, de alguma maneira, posteriormente, deve ter despertado a atenção do FBI, que por sua vez informou à inteligência holandesa acerca dos passos desse agente russo.[109]

> Victor Ferreira, graduado na Universidade Johns Hopkins, foi desmascarado como sendo o agente da GRU, de nome Sergey Cherkasov, de acordo com uma acusação federal feita por autoridades de segurança ocidentais (tradução do autor).

Victor foi condenado pelo Justiça Federal brasileira a quinze anos de prisão, por uso de documentos falsos, em um processo que chamou

---

108 "*Legend*", em inglês, quando referenciado à espionagem, é o termo sinônimo de estória-cobertura.

109 Em 29/03/2023, o jornal *Washington Post* publicou uma matéria da autoria de Greg Miller revelando mais detalhes: "*He came to D.C. as a Brazilian student. The U.S. says he was a Russian spy.*" Disponível em: https://www.washingtonpost.com/world/2023/03/29/russian-spy-brazilian-student-washington/. Acesso em: 19 out. 2023.

a atenção pela celeridade com que ocorreu, considerando a conhecida morosidade do sistema jurídico brasileiro.

Esse caso tomou contornos ainda mais suspeitos quando a Rússia solicitou formalmente, ao longo do segundo semestre de 2022, a extradição de Victor, sob a alegação de que ele respondia pelo crime de tráfico de drogas na Rússia, tendo Victor concordado em ser extraditado para a "mãe-pátria".

Na esteira da geopolítica da espionagem, o Departamento de Justiça dos EUA, por sua vez, solicitou também a extradição de Victor pelo cometimento do crime de espionagem naquele país, o que colocou o Brasil na mira dos interesses por Victor pelos dois países, sendo que o pedido norte-americano fora negado pelo governo brasileiro em julho de 2023.[110]

Desse imbróglio, a despeito de seu caráter diplomático, o fato em si deu realidade ao que Jonhson (2009, p. 105) classifica como ilegais (*illegals*) aqueles agentes de um país, sendo que o principal país associado a essa tática é a Rússia, os quais adotam uma estória-cobertura a mais próxima da realidade de uma nova vida desse agente fazendo-se passar por um nacional comum de qualquer outro país, para ocultar a origem russa e assim conseguir disfarçar a atuação destinada à espionagem.

A QUEBRA DE UM PARADIGMA

O caso do chinês Xu Yanjun, identificado como oficial do *Ministry of State Security* (MSS), o órgão central da inteligência estatal chinesa, que foi preso pelo FBI, em Bruxelas, em 1º de abril de 2018, com o

---

110 *Brazil refuses US request to extradite alleged Russian spy*. Disponível em: https://edition.cnn.com/2023/07/28/americas/brazil-us-extradition-sergey-cherkasov-intl/index.html. Acesso em: 19 out. 2023.

apoio da polícia belga, extraditado para os EUA e condenado a vinte anos de prisão, em 15 de novembro de 2021, é uma quebra de paradigma no que tange à prisão, em país estrangeiro, e consequente extradição de um funcionário de serviço de inteligência de outro país.

Resumidamente, o caso relatado por Jordan Robertson e Drake Bennett[111] se desenrolou a partir de 2014, quando Xu Yanjun tentou se aproximar de norte-americanos de origem chinesa que trabalhavam em empresas ligadas ao setor aeronáutico, entre elas a francesa Safran e a norte-americana General Eletric (GE), por conta de tecnologias de turbinas de aviões que a China almeja adquirir e dominar.

Embora descrita com riqueza de detalhes toda a dinâmica do fato, o artigo diz que o FBI não revelou quais foram as pistas que levaram o órgão a suspeitar de um sino-americano que trabalhava na GE, o que é compreensível, pois como o FBI tomou ciência inicialmente da ameaça de espionagem, pode-se considerar como um segredo, haja vista a óbvia curiosidade em saber quais teriam sido os métodos de investigação e de contrainteligência que levaram o FBI ao encontro de David Zheng, funcionário da GE, e o principal envolvido na cooptação.

Certamente, uma possível conjectura estaria relacionada ao fato de esse sino-americano David Zheng ter viajado para a China anteriormente, já que registros de alfândega podem ter despertado o interesse do FBI.

A empresa GE, por sua vez, ao ser abordada pelo FBI, prestou colaboração plena, o que permitiu, em outubro de 2017, que seu funcionário fosse interrogado pelo FBI. A partir daí, ciente de que poderia responder por crime de espionagem por ter omitido para a GE seus contatos com

---

111 "*A Chinese Spy Wanted GE's Secrets, But the US Got China's Instead*". Disponível em: https://www.bloomberg.com/news/features/2022-09-15/china-wanted-ge-s-secrets-but--then-their-spy-got-caught?leadSource=uverify%20wall. Acesso em: 19 out. 2023.

chineses, David Zheng aceitou colaborar com o FBI e assim, de maneira instruída e orientada, manteve as conversações com Xu Yanjun pelo aplicativo chinês WeChat no sentido de fazê-lo viajar para a Bélgica.

Esse caso se apresenta como um marco nos esforços da contrainteligência, pelo fato de se conseguir prender um agente de inteligência de um país rival, pelo menos no plano econômico entre os dois países, comprovadamente envolvido em um esquema de espionagem industrial em solo de outro país.

Um dos motivos para se afirmar que o caso foi comprovadamente um esquema de espionagem se deve ao fato de que o FBI demandou, por intermédio de mandados de busca judicial, a Apple e o Google para abrirem as contas no iCloud e do Gmail de Xu Yanjun, as quais peritos forenses utilizaram para extrair o histórico de dados, fotos, documentos oficiais e mensagens no celular apreendido, sendo que os documentos comprovaram, inclusive, sua vinculação oficial com o MSS.

Fonte: *"How the arrest of a burned-out intelligence officer exposed an economic-espionage machine"* [112]

---

112 Imagem e manchete disponíveis no mesmo artigo mencionado. Tradução do autor.

O exemplo desse esforço de espionagem chinesa reforça o pensamento de que a tecnologia, seja para o bem, seja para o mal, não substituiu o homem como o elemento motriz de uma operação de espionagem e de contraespionagem.

O próprio conceito de *man-in-the-middle* reluz a participação de um homem intermediário e camuflado entre duas pessoas que conversam no celular, sem que essas duas pessoas saibam que a conversa está no mínimo sendo interceptada.

 **Lembre-se: sempre há um homem manuseando a tecnologia.**

Muito cuidado ao chegar em um aeroporto estrangeiro e, na primeira oportunidade de sinal da telefonia local, você tentar se comunicar com aquele parente para avisar que a viagem correu tudo bem.

Muitos viajantes não sabem que serviços de inteligência e Polícias dispõem de um aparelho chamado de Estação Rádio Base (ERB) móvel, que pode ser instalado em aeroportos, o que permite desviar o sinal de uma chamada de voz ou do envio de mensagens do telefone celular que deve se conectar com a antena da base fixa de telefonia da operadora local, fazendo o sinal passar por essa ERB móvel que está dentro do aeroporto e que, por sua vez, se encarrega de conectar com a operadora local e permitir a continuidade e o fluxo da comunicação.

O usuário e o destinatário não percebem que o sinal da chamada está passando intermediariamente por essa ERB móvel, haja vista a normalidade da ligação ou troca de mensagem. Todavia, para o serviço de inteligência, ou para a Polícia local, essa operação permite, desde o primeiro momento de chegada de uma pessoa ao aeroporto, tentar descobrir o número de telefone dessa pessoa e iniciar um acompanhamento de seus passos.

Feita essa observação, caso essa pessoa deixe seu celular no quarto do hotel achando que com isso não vai despertar suspeitas, ledo engano. Para um serviço de inteligência, nos dias de hoje, deixar o celular no quarto do hotel é justamente um sinal de algum tipo de comportamento suspeito.

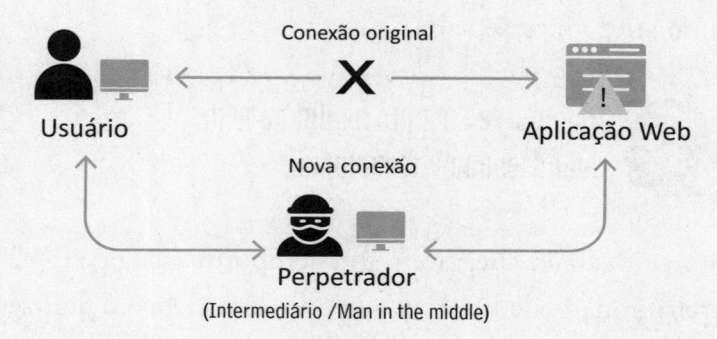

Fonte: https://www.imperva.com/learn/application-security/man-in-the-middle-attack-mitm/ [113]

A ESPIONAGEM NO SETOR CORPORATIVO

Seria razoável afirmar que o ato de espionar teria como sua gênese a intenção de conhecer antecipadamente os objetivos políticos e militares de um adversário. Todavia, no mundo da espionagem

---

113 *"Man in the middle (MITM) attack is a general term for when a perpetrator positions himself in a conversation between a user and an application—either to eavesdrop or to impersonate one of the parties, making it appear as if a normal exchange of information is underway. The goal of an attack is to steal personal information, such as login credentials, account details and credit card numbers. Targets are typically the users of financial applications, SaaS businesses, e-commerce sites and other websites where logging in is required".*

econômica, não há relações verdadeiramente amistosas, em grande parte devido ao fato de que os países que se envolvem em disputas econômicas, em realidade, concorrem pela obtenção de poder e de mercados que favoreçam os interesses próprios. Segundo Nasheri (2005, p. 92), a realidade se passa como descrito por Pierre Marion (1921-2010), ex-chefe da DGSE entre 1981 e 1982, para quem "é um erro elementar pensar que somos aliados, pois quando se trata de negócios, é guerra", haja vista que a espionagem pode proporcionar um atalho para essas conquistas econômicas.

Para melhor contextualizar o tema, por conseguinte, apresenta-se a tênue diferença, porém relevante, existente entre dois tipos de denominação de espionagem vigente na literatura norte-americana, que interessa também ao ambiente corporativo:[114]

> » **Espionagem econômica:** apropriação indevida e intencional de segredos comerciais com o conhecimento ou intenção de que a ação adversa venha a beneficiar um governo estrangeiro, uma instituição estrangeira ou um agente também estrangeiro. Ou seja, na espionagem econômica há o envolvimento de um governo estrangeiro na tentativa de subtrair informações sigilosas de um país alvo.

> » **Espionagem industrial:** apropriação indevida e intencional de segredos comerciais relacionados a um produto ou serviço produzido para o mercado consumidor interno ou global, cujo proprietário do conhecimento sensível tem interesse de lucro, sendo que a ação adversa tem a intenção de prejudicar o detentor daquele segredo comercial.

---

114 Bencie (2013, p. 34), em *"Among Enemies Counter-Espionage for the Business Traveller"*. Tradução do autor.

Além da literatura, juridicamente nos EUA existe o *Economic Espionage Act of 1996*[115], que aborda a definição mais específica do ato e da conduta associada à espionagem econômica, que está relacionada com a ação de roubar segredos de negócios e envolve a participação de agentes estrangeiros, o que pressupõe o emprego de agências de inteligência e é definido como:

> *"[...] Quem, pretendendo ou sabendo que a ofensa beneficiará qualquer governo estrangeiro, um estrangeiro instrumentalizado ou um agente estrangeiro, conscientemente:*
> *(1) rouba, ou sem autorização, apropria-se, toma, transporta ou oculta, ou, mediante fraude, artifício ou engano, obtém um segredo comercial [industrial];*
> *(2) sem autorização, copia ou duplica esboços, desenhos, fotografias, efetua download ou upload ou alterações, destrói, fotocopia, replica, transmite, entrega, envia, envia por correio, comunica ou transmite um segredo comercial [industrial];*
> *(3) recebe, compra ou possui um segredo comercial [industrial], sabendo que o mesmo foi roubado ou apropriado, obtido ou convertido sem autorização; [...]*
> *(5) conspira com uma ou mais pessoas para cometer qualquer delito [...] o objeto da conspiração..." (grifo do autor) (tradução do autor).*

Não é intenção deste livro tratar de questões jurídicas, mas se entende como salutar ao menos apontar que no Brasil não existe uma diferenciação clássica de termos relacionados a um determinado tipo de espionagem e que a Lei 9.279, de 14/05/1996,[116] que trata da regulação

---

115 Disponível em: https://www.congress.gov/104/plaws/publ294/PLAW-104pu-bl294.pdf. Acesso em: 25 jun. 2022.

116 Disponível em: https://www.planalto.gov.br/ccivil_03/leis/l9279.htm#:~:text=LEI%20N%C2%BA%209.279%2C%20DE%2014,obriga%C3%A7%C3%B5es%20rela-

de direitos e obrigações relativos à propriedade industrial, o que poderia se estender, ao menos em tese, para propriedade intelectual, nada menciona sobre atos de espionagem.

A Lei 14.197, de 1º/09/2021,[117] que revogou a antiga Lei de Segurança Nacional, ao definir espionagem, tipifica a conduta com o verbo entregar, o que pressupõe o raciocínio de que um brasileiro possa ter vazado algo a um ator estatal ou ainda organização criminosa estrangeiros. Ao que tudo indica, a descrição da Lei não contemplaria, por exemplo, o ato de um estrangeiro roubar documentos ou informações sigilosas de dentro de uma embaixada brasileira:

> Art. 359-K. Entregar a governo estrangeiro, a seus agentes, ou à organização criminosa estrangeira, em desacordo com determinação legal ou regulamentar, documento ou informação classificados como secretos ou ultrassecretos nos termos da lei, cuja revelação possa colocar em perigo a preservação da ordem constitucional ou a soberania nacional.

Esta breve provocação é feita devido ao entendimento de que a questão mereça alguma atenção no cenário brasileiro, ainda que guardadas as devidas proporções geopolíticas de cada um dos dois países em seus relacionamentos comerciais e a capacidade de produção de propriedade intelectual nos meios acadêmicos e industriais.

---

tivos%20%C3%A0%20propriedade%20industrial.&text=Art.%201%C2%BA%20 Esta%20Lei%20regula,obriga%C3%A7%C3%B5es%20relativos%20%C3%A0%20 propriedade%20industrial.&text=V%20%2D%20repress%C3%A3o%20%C3%A0%20 concorr%C3%AAncia%20desleal. Acesso em: 24 nov. 2023.

117 Disponível em: https://www2.camara.leg.br/legin/fed/lei/2021/lei-14197-1-setembro-2021-791691-publicacaooriginal-163372-pl.html. Acesso em: 24 nov. 2023.

Ainda no contexto brasileiro, comumente se utiliza também a expressão espionagem corporativa, que obviamente se aplica *lato sensu* ao ambiente das empresas privadas. O artigo Espionagem Corporativa, da autoria de Vinícius Cavalcante,[118] na visão do autor, pode ser caracterizado como um dos mais ricos e bem argumentados manuscritos sobre o assunto:

> Esse "vazamento" de informações sigilosas, por meio de espionagem corporativa/comercial/industrial, pode causar prejuízos de milhões anualmente. Concorrentes de uma empresa buscam descobrir o passo mais acertado a dar em meio a uma disputa comercial, ou até mesmo procuram chantagear ou desmoralizar pessoas-chave de outra, muitas vezes com o uso de "grampos" (escutas) em ambientes ou telefones.
>
> Há poucas estatísticas confiáveis sobre o roubo de informações sigilosas e sabotagem no meio empresarial, ou sobre o prejuízo que causam — mas histórias não faltam. A espionagem — em suas mais diversas formas — é uma realidade que só pode ser eficazmente enfrentada por meio de ações de inteligência.

No Brasil, uma história recente se refere ao caso judicial pela disputa do controle acionário da empresa Eldorado Celulose, que atinge a cifra de 15 (quinze) bilhões de reais, entre a empresa J&F (brasileira) e a multinacional estrangeira Paper Excellence, demonstrando, ainda que de maneira não objetiva, que o tema de proteção de conhecimentos sensíveis permeia os segredos de negócios intrínsecos das corporações.

Além de sustentar que fora vítima de "*hackeamento*" de e-mail de seus advogados e de espionagem, o que teria prejudicado sua

---

118 Artigo publicado na revista *Segurança & Defesa* em 2021.

defesa, a J&F afirmou que um dos juízes que analisou a disputa, entre 2019 e 2021, em uma corte de arbitragem teria agido sem a imparcialidade necessária. [119]

A J&F manifestou que:

> O caso da Paper Excellence é um escândalo comprovado por documentos, testemunhos e perícias. Está provado que todos os e-mails trocados pela J&F com seus advogados na arbitragem foram espionados durante a disputa.

Mais uma provocação instigante pode ser observada no artigo cujo título é, não por acaso, *"Corporate espionage is entering a new era - Companies need to take it more seriously"*,[120] ao abordar o caso entre duas concorrentes do setor de desenvolvimento de software, nos EUA, em que uma decisão judicial, em meados do primeiro semestre de 2022, determinou o pagamento de uma indenização no valor de 2 (dois) bilhões de dólares por uma das empresas acusadas de ter se utilizado de recursos de espionagem industrial para se apropriar de conhecimentos sensíveis da concorrente local.

O caso merece uma reflexão mais aprofundada, pois foge da arquitetura clássica que levaria à acusação da prática de espionagem provocada com o apoio de um sistema de inteligência estatal estrangeiro e, assim, serve para ilustrar que o negócio da espionagem

---

119 Artigo da revista *Veja*, da autoria de Reynaldo Turollo Jr., publicada em 18/02/2022. Disponível em: https://veja.abril.com.br/economia/guerra-bilionaria-entre-jf-e-paper--excellence-entra-em-fase-decisiva/. Acesso em: 25 jun. 2022.

120 Artigo publicado pela *The Economist*. Disponível em: https://www.economist.com/business/2022/05/30/corporate-espionage-is-entering-a-new-era. Acesso em: 25 jun. 2022.

industrial, praticada por prestadores de serviços privados, tem se expandido e que a atividade de extrair informações sigilosas do concorrente não está mais concentrada somente em setores da indústria chamados como "sensíveis", tais como o de defesa/militar e o farmacêutico. O que se tem observado é o aumento de alvos da atividade de espionagem em empresas de menor porte e em setores como o da educação e da agricultura (tradução livre).

A ESPIONAGEM E O AMBIENTE CIBERNÉTICO

Uma possível alteração ocorrida no ambiente da espionagem clássica, desde o final da Guerra Fria até os dias de hoje, é que o espião passou a se esconder, sempre encapuzado, atrás de um teclado e de um monte de telas de computador com definição 4k, em uma sala escurecida que os atuais filmes de Hollywood mostram com aquela cor azulada ao fundo de meia intensidade e com a capacidade de digitar sobre um teclado igual ao de um ciborgue.

A espionagem cibernética, ao menos em tese e não comprovadamente, resultou em uma alteração no *modus operandi* da espionagem clássica, seja ela econômica ou industrial, aquela que tinha como técnica principal o uso da engenharia social para manipular alguém a falar aquilo que um espião necessita ouvir, ou entregar fisicamente um documento secreto, e tornou mais fria a relação entre o *case officer* e seu *agent*, na medida em que o contato pessoal, fruto dos encontros noturnos nas ruas frias de Moscou ou Washington, diminuiu, além de o espião poder, confortavelmente, permanecer a milhares de quilômetros distante de seu alvo.

As atividades de *hacking* e de ciberespionagem, camufladas atrás de um IP (*Internet Protocol*), que navega na internet subterrânea e o endereço físico associado pode estar escondido em qualquer lugar do planeta, cresceram mais entre as empresas privadas de espionagem, porque profissionais com elevada capacidade técnica, inclusive formados em agências estatais de inteligência ou agências militares, passaram a vender suas habilidades aos clientes privados.

Não por acaso, em razão do artigo *"Cybercrime groups offer six-figure salaries, bonuses, paid time off to attract talent on dark web"*, a Bravus Consultoria em sua publicação sobre o assunto classifica como o "paradoxo da segurança" a questão de que, na *dark web*, criminosos oferecem salários atrativos para que especialistas com talentos em cibersegurança trabalhem em prol do crime cibernético.[121]

A área de cibersegurança, que já demonstrava ser uma preocupação para os gestores de segurança, passou a ser um verdadeiro sinal de alerta para os CEOs, na medida em que a pandemia de COVID-19 acentuou as fragilidades nas comunicações digitais entre as relações de trabalho pela maciça adoção dos conceitos de *coworking – home work – work from anywhere e bring your own device*.[122]

O *National Counterintelligence and Security Center* apresenta a seguinte definição para o termo ameaças cibernéticas:

> Entidades de inteligência estrangeiras, caracterizadas como ameaças cibernéticas, realizam operações cibernéticas para penetrar

---

121 Disponível em: https://bit.ly/48UXpPb.

122 Texto adaptado a partir do artigo publicado, em 21/06/2021, pelo autor e Nilson Vianna, ex-CISO da Marinha do Brasil, quando no serviço ativo, e CEO da SmartCyber. Disponível em: https://www.bravusconsultoria.com.br/contrainteligencia_e_cyberespionagem/.

em setores público e privado na busca de insights políticos e militares, pesquisas de assuntos sensíveis, propriedade intelectual, segredos comerciais e industriais, e informações de identificação pessoal (tradução do autor).[123]

O uso extensivo de conexões remotas para o ambiente corporativo, ainda mais por conta da pandemia, proporcionou em primeira instância impedir que o negócio fosse interrompido. No entanto, tais serviços de conexão remota, sem uma arquitetura e sem configurações adequadas de segurança, podem criar superfícies de ataques ainda mais vulneráveis para proveito de *hackers*.

Um serviço remoto deve considerar que a estação cliente pode se encontrar em condição de vulnerabilidade caso não esteja sob a administração técnica da empresa ou instituição. Considera-se um ambiente mais seguro aquele onde há controles corporativos sobre o dispositivo remoto ou onde há o uso de tecnologias *Zero Trust*, na tentativa de se isolar o risco de ataque por meio de técnicas de virtualizações, por exemplo.

A proteção de borda nunca foi tão importante, mesmo depois da pandemia. A realização de testes de invasão/intrusão (*pen test*) e varreduras de vulnerabilidades de forma frequente minimizam os riscos na superfície de ataque para uma invasão, antecipando problemas que podem ser explorados por atacantes, além de reduzir as próprias janelas de exposição de vulnerabilidades.

A maior motivação de ataques continua sendo o crime cibernético e, nesse contexto, as mesmas técnicas se aplicam aos espiões

---

123 Trata-se do STRATEGIC PLAN 2018–2022. Disponível em: https://www.odni.gov/files/NCSC/documents/Regulations/2018-2022-NCSC-Strategic-Plan.pdf. Acesso em: 15 nov. 2023.

cibernéticos, porém vale a ressalva de que espionagem cibernética não é sinônimo de ataque cibernético.

A imagem a seguir tem o propósito de sintetizar para o leitor os principais tipos de ataques cibernéticos atualmente conhecidos.

PRINCIPAIS TIPOS DE ATAQUES CIBERNÉTICOS

Ganhos financeiros em capturas de informações sensíveis, cartões de crédito, credenciais de acesso e sequestro de dados por ataques *ransomware* são os casos mais comuns de ataques perpetrados por grupos de cibercriminosos.

Não confunda a venda de informações sigilosas de empresas na *dark web* com espionagem cibernética, pois há todo um complexo operacional que se desenvolve em torno do cibercrime, com a venda, por exemplo, de propriedade intelectual de uma empresa na *dark web*, que não se caracteriza propriamente como espionagem. No entanto, vale mesmo assim um alerta, o que neste caso obriga a revisitar o artigo da revista *The Economist*:

CEOs devem se preocupar quando veem *os segredos de suas empresas divulgados na dark web*: um tipo de mercado da Espionagem Industrial *que se caracteriza por tornar públicos dados e documentos roubados para "legitimar" negócios.* As informações são **vendidas em pacotes** que variam de alguns dólares a milhões. **Manter uma propriedade intelectual trancada com segurança dentro de um cofre digital pode ser horrivelmente difícil** (grifo do autor) (tradução do autor).

A ciberespionagem se caracteriza como uma conduta provavelmente iniciada por meio de um ataque cibernético, ou com a inserção de um *pen drive* por um *insider* malicioso; porém, com a característica de uma ação mais discreta e de caráter persistente, que visa essencialmente permanecer oculta no ambiente digital da organização-alvo por longos períodos, enquanto informações valiosas do negócio são coletadas, leia-se copiadas, e extraídas de forma que o alvo não se aperceba do que realmente está ocorrendo a partir da invasão inicial.

É nesse cenário que ações de contrainteligência são ainda mais importantes, pois nesta modalidade de exfiltração de dados torna-se muito mais difícil para uma organização-alvo confirmar que dados internos ou projetos técnicos tenham sido copiados por um ator adverso. Por isso, desde o nível estratégico, passando pelo tático e operacional, os Processos, Pessoas e Tecnologias devem ser acompanhados, a fim de permitir a identificação, no mínimo, dos possíveis indicadores de comprometimento.

A título de exemplo, na ciberespionagem econômica[124], as empresas também podem ser vítimas em razão de fragilidades provocadas por

---

124 Leitura recomendada do *Foreign Economic Espionage in Cyberspace-2018* para quem atua na área de contrainteligência e cibersegurança. Disponível em: https://www.dni.gov/files/NCSC/documents/news/20180724-economic-espionage-pub.pdf. Acesso em: 26 de jun. 2022.

técnicas avançadas de *deception*; exploração de falhas em redes nas nuvens; e desenvolvimento de infraestruturas de IoT (*Internet of Things*) sem padrões de segurança.

A fonte cibernética é hoje, provavelmente, o principal ambiente de coleta de dados e informações sobre os campos de atuação da inteligência de negócios. Por esta razão, um bom Plano de Contrainteligência nos níveis estratégico e tático pode abranger toda a organização utilizando-se de serviços operacionais na área ciber conhecidos no mercado como ferramentas de CTI (*Cyber Threat Intelligence*).

Essa sugestão se deve, pois Nasheri (2005, p. 50) aponta com muita perspicácia que grandes empresas são cada vez mais forçadas a compartilhar informações críticas e sensíveis com seus consumidores, subcontratados, consultores e parceiros estratégicos durante a fase de desenvolvimento de produtos, o que eleva o risco do negócio a ataques cibernéticos em face do uso de redes globais de comunicações *on-line*.

Para espionar, são necessários, mas não mandatórios, três quesitos que se correlacionam:

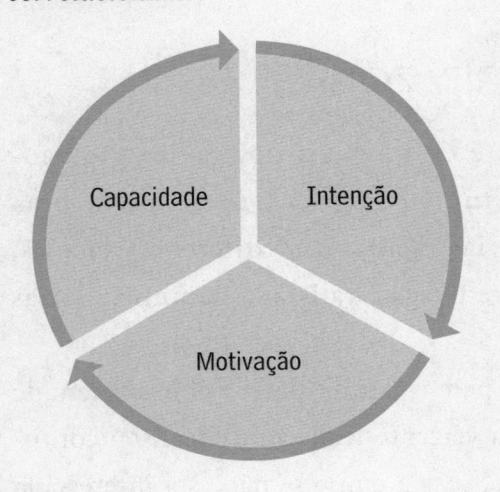

» **Estrutura logística**

» **Recursos financeiros**

» **Pessoal qualificado**

» **Treinamento avançado**

» **Experiência e vivência da atividade**

» **Razão para atuar**

» **Aceitação do risco**

» **Justificativa – Negação Plausível**

O ponto de vista que leva ao possível entendimento da existência de uma revolução na espionagem, já em sua quarta geração, poderia ser rebatido e ampliado com a seguinte contra-argumentação: a tecnologia nunca deixou de evoluir desde os primórdios da humanidade. É evidente que houve um processo de aceleração no desenvolvimento de novas tecnologias que se tornaram realidades após o surgimento comercial da internet, nos anos de 1990, mas a essência do comportamento humano não aparenta ter sido alterado.

Até o fim da Guerra Fria, a espionagem, desde seus tempos imemoriais de Sun Zi, passando por Mata Hari (1876-1917) e Richard Sorge (1895-1944), tido como o mais importante dos espiões germano-soviéticos a serviço da inteligência da União Soviética antes e durante a Segunda Guerra Mundial, por exemplo, salvo engano, sempre esteve relacionada essencialmente com a pessoa humana, sendo a tecnologia um acessório de impulsionamento no crescimento socioeconômico global, e não um fim em si própria.

GUERRA FRIA 2.0 E GREY ZONE

O ambiente de rivalidade e de disputas por poder protagonizado entre EUA e China permite conceber a realidade de uma nova guerra fria entre potências, agora com diferentes facetas, além das disputas entre as correntes capitalistas e comunistas, nas décadas de 1950 até 1980.

Este livro não foi concebido para tratar de ciência política nem de relações internacionais, seja pela vertente realista ou idealista; contudo, é certo também afirmar que, se sua empresa não está interessada em geopolítica, a geopolítica de algum ator estatal está interessada em sua empresa.

Aliás, não menospreze o tamanho e a importância de sua empresa nesse cenário de competição em que serviços de inteligência estatais ou privados podem atuar, ainda mais se a empresa desenvolve alguma tecnologia que contenha conhecimentos sensíveis, achando que ela não tem significado no mercado para outros competidores globais, que contam com o suporte estatal, a exemplo das empresas chinesas.

O conceito de *Grey Zone* é pouco utilizado no vocabulário brasileiro e corresponderia às atividades que se desenrolam em uma espécie de submundo sombrio, abaixo do limiar de uma guerra entre exércitos regulares ou de um conflito armado, com o propósito de garantir interesses estratégicos de quem faz uso dessa estratégia indireta.

Nesse ambiente cinzento, são conduzidas campanhas ou ações amorfas de influência que combinam aparatos não militares; disseminação de propagandas; e campanhas de desinformação perpetradas sutilmente por *spin doctors* ou *proxies*, que se destinam a desestabilizar e contornar os pontos fortes de um alvo, seja ele estatal ou privado.

Não raro, *grey zone* também envolve o uso agressivo de atividades de espionagem, o sequestro ou ataques contra atores politicamente expostos, executivos de grandes empresas ou, até mesmo, a prática de assassinatos seletivos.

De acordo com o professor Christopher P. Costa, diretor do *International Spy Museum*, justamente por esta atmosfera cinzenta, às vezes imperceptível aos olhos de pessoas não sintonizadas com acontecimentos que são mencionados de relance em manchetes diminutas nos jornais, sobre a competição estratégica entre EUA e China, esta apoiada por Rússia e Irã, em diversos aspectos políticos e econômicos, além de disputas por poder em territórios africanos e asiáticos, e por que não dizer latino-americanos também, é que a contrainteligência necessita ser repensada.

Ademais, o professor alerta que este novo olhar não deve se prender somente à atuação da contrainteligência no combate ao terrorismo, de tal sorte que seja possível expandir o horizonte de compreensão, essencialmente, em direção à natureza de um novo espectro de competição, na própria *grey zone*[125], e que deriva para o ambiente de uma nova guerra fria, agora entre EUA e China.

Mais além ainda, um fato que chamou a atenção para os profissionais da inteligência e que chegou a ser chamado de um evento sem precedentes foi o encontro presencial ocorrido, em outubro de 2023, entre os cinco diretores das principais agências de inteligência dos países que compõem o sistema chamado de *Five Eyes*, a aliança de inteligência que representa uma extensão do projeto Echelon.

Em consonância, nesse clima de Guerra Fria 2.0, os cinco chefes desses serviços de segurança anunciaram ao mundo que sejam intensificados os esforços para proteger a propriedade intelectual em seus países contra a "ameaça chinesa" (*China Threat*), caracterizada pelo programa chinês de espionagem em escala global também considerado "sem precedentes na história".[126]

---

125 Artigo *The new era of counterintelligence must shift focus to the gray zone*. Uma crítica que poderia ser feita ao artigo é que, ao citar ambientes de disputa, o professor demonstrou foco na África e Ásia. O autor entende que a América Latina já é palco de interesses de atores que os EUA consideram como rivais no plano econômico e militar. Disponível em: https://thehill.com/opinion/national-security/3870958-the-new-era-of-counterintelligence-must-shift-focus-to-the-gray-zone/. Acesso em: 23 nov. 2023.

126 Artigo "*Five Eyes spy chiefs warn Silicon Valley over Chinese threat*". Disponível em: https://www.ft.com/content/0a37da0a-ad06-43d0-b069-bfafa0ff35a4. Acesso em: 3 nov. 2023.

A resposta chinesa não demorou dias a chegar, quando o Ministério de Relações Exteriores da China classificou o encontro como uma provocação e uma fabricação de mentiras sobre a China, além de que o governo chinês espera que os países "abandonem a mentalidade de Guerra Fria" e de "preconceito ideológico" contra a China e que enxerguem o país de maneira objetiva e justa, e parem com difamações e acusações infundadas.[127]

Nesse ambiente de disputas, verifica-se ainda o emprego do recurso concebido como diplomacia de reféns em que até empresários acabam sendo presos como instrumento de pressão para se atingir objetivos políticos, como foi o caso da diretora financeira da Huawei, Meng Wanzhou, que permaneceu presa no Canadá, entre 2018 e 2021, por pressão norte-americana, e, posteriormente, foi trocada por dois empresários canadenses acusados de espionagem, na China, em uma denúncia sem mais detalhes.[128]

Um exemplo mais recente ainda é o caso do jornalista Evan Gershkovich, do jornal *The Wall Street Journal*, preso na Rússia desde março de 2023, sob a acusação de espionagem, tornando-se assim o primeiro jornalista americano detido na Rússia sob tal acusação desde a Guerra Fria.[129]

---

127 Artigo "*Five Eyes accustomed to fabricating, spreading lies about China: Chinese FM*". Disponível em: https://www.globaltimes.cn/page/202310/1300391.shtml. Acesso em: 5 nov. 2023.

128 Artigo "Depois da Huawei, 'diplomacia de reféns' preocupa empresas na China" - "Parece cada vez mais que as empresas estão sendo politizadas", alertou Steven Lynch, diretor-gerente da Câmara Britânica de Comércio na China. Disponível em: https://exame.com/mundo/depois-da-huawei-diplomacia-de-refens-preocupa-empresas-na--china/. Acesso em: 26 nov. 2023.

129 Artigo *Evan Gershkovich: The Latest Updates on the WSJ Reporter Detained in Russia*. Disponível em: https://www.wsj.com/news/evan-gershkovich. Acesso em: 26 nov. 2023.

Qual seria a correlação entre o conceito de uma zona cinzenta, na qual transcorre um ambiente de guerra assimétrica, não pela dimensão bélica dos atores, mas sim pelo implemento de diversos recursos não convencionais para enfraquecer outro ator, e o cenário de crises constantes entre as duas principais potências econômicas mundiais, na medida em que, entre outros possíveis exemplos, os EUA demonstram disposição para manter o apoio militar a Taiwan, enquanto a China, a cada dia, eleva sua esfera de influência no continente Americano, em todos os planos (político, econômico, tecnológico e militar)?

Somem-se à pergunta os seguintes fatores, aqui sintetizados: uma Rússia disposta a voltar a ser uma superpotência; uma União Europeia cambaleante; um Irã que não esconde a intenção de aniquilar Israel e embora padeça com os embargos impostos pelos norte-americanos consegue manter o país em condições de atuar no seu entorno geoestratégico; uma França que perde, cada vez mais, sua capacidade de influência na África Ocidental, palco de recentes golpes militares; uma bipolaridade política extrema nos EUA; e uma América Latina envolta em crises políticas fruto do embate entre movimentos consolidados pelo Foro de São Paulo e a tentativa de ressurgimento de blocos políticos antagônicos de características pró-direita, regimes políticos autoritários, instabilidade jurídica, índices alarmantes de corrupção, violência urbana extremada e prevalência do narcotráfico.

Para complementar a provocação: qual a relação desse ecossistema com o Complexo Industrial da Inteligência e quais são as possíveis consequências para o setor privado? Talvez muito, talvez pouco. A resposta está com o leitor.

Por fim, enquanto histórias de espionagem militar são contadas com glamour nos filmes pelos vencedores, na guerra econômica entre países e entre corporações concorrentes, os vencedores, quando se utilizam de técnicas de espionagem econômica, industrial ou corporativa, não revelam tal conquista e o lado derrotado, por diversas vezes, nem chega a ponto de saber que foi alvo de uma ação adversa (NASHERI, 2005). Muitas empresas que chegaram ao ponto de descobrir serem alvo desse tipo de ação preferem não tornar público tal infortúnio, o que é compreensível.

Diante dessa conjuntura, o autor entende que a Atividade de Inteligência, seja pelo *business intelligence*, seja pelo *business counterintelligence*, dentro do contexto de um complexo industrial da atividade que abarca países já mencionados, se apresenta como um fator de reflexão obrigatória para o *C-suite* e *VP level*, haja vista a própria segurança do empreendimento.

A realização de uma avaliação de riscos que possam afetar a manutenção do negócio e, tão importante quanto, a preparação para lidar com crises que podem afetar a imagem da corporação ou a operacionalidade do negócio é condição imperativa para empresários que prezam pela prudência.

Na próxima parte, a intenção é navegar sobre o conceito de *Insider Threat* que, aos poucos, tem se tornado corrente no seio do setor de segurança.

PARTE IV

INSIDER THREAT

Invista recursos em pessoas tanto quanto, ou mais, sua empresa investe em processos e tecnologias. O elo mais fraco, normalmente, está no ser humano, que fala e tem sentimentos.

CONCEITO DE *INSIDER THREAT*

A tradução *ipsis litteris* de *insider threat* é "ameaça interna". Começa daí que, como traduzido, o conceito de *insider* aduz se tratar de um problema interno, e não externo, pela essência da própria palavra.

Aceita essa argumentação rasa, depara-se com diferenças conceituais a respeito da maneira como a palavra *threat*, que significa ameaça, é utilizada na literatura em geral. Do inglês, *threat* é definido como uma declaração de intenção de impor ou infringir algum mal, dor ou danos contra alguém. Do português, ameaça significa "aceno, gesto, sinal ou palavra, com o fim de advertir, amedrontar, atemorizar *etc.*", ou ainda, "promessa de castigo ou de malefícios... prometer fazer injustamente um mal grave a determinada pessoa... advertência de futura pena... intimação".[130]

Para aqueles que labutam na área da segurança, há uma distinção também conceitual entre o que é uma ameaça e uma vulnerabilidade no ambiente de negócios.

Uma vulnerabilidade está relacionada a algum tipo de fraqueza, fragilidade, falha, brecha, lacuna, que sujeita alguém ou algo a ser atacado, justamente por motivo de estar indefeso, exposto, desprotegido ou desarmado.

Assim, vulnerabilidade demonstra uma condição interna de alguém ou algo que pode se tornar suscetível justamente a uma "ameaça".

Ameaça, portanto, representa alguma forma de ataque direto ou indireto, indício de acontecimento ou sinal de intenção de condução de um ato que seja desfavorável ou maléfico a seus interesses.

---

130 Dicionário Michaelis, p. 127.

Remetendo-se aos conceitos de Análise SWOT[131], as ameaças, correspondentes à inicial T de *threat*, são fatores externos ao sistema, ou seja, exógenos, e sobre os quais têm-se, às vezes, limitada ou quase nenhuma forma de controle, que obrigam um gestor de segurança a buscar as medidas de proteção minimamente apropriadas.

Nesse contexto, as ameaças podem ser entendidas como ações que podem ser empreendidas por atores adversos com a intenção de causar algum prejuízo para sua organização.

Para as fraquezas, representada pela inicial W, de *weakness,* o termo vulnerabilidade, no campo da segurança e do risco, se refere a fatores que se encontram dentro de nosso sistema de atuação direta, portanto endógeno. Por exemplo, o ambiente corporativo, sobre o qual há capacidades de investimentos em tecnologias e treinamentos de pessoas, justamente para superação dessas fragilidades internas, que são, normalmente, identificadas em uma das fases de uma boa Análise de Risco.

Tem-se, assim, que um gestor de segurança, possuindo conhecimento dessas vulnerabilidades, deve atuar dentro de seu sistema corporativo de maneira a minimizar, reduzir ou eliminar suas fraquezas.

Pensando, portanto, em segurança como um sistema, a ameaça representa uma questão externa ao seu sistema, enquanto vulnerabilidade, uma questão interna.

Embora não haja ainda uma definição concreta de *insider threat* na literatura brasileira corrente, a tradução correta por se tratar de um

---

131 Análise SWOT – *Strengths, Weaknesses, Opportunities* e *Threats* (ou Análise FOFA) é uma técnica de planejamento estratégico utilizada para auxiliar pessoas ou organizações a identificarem fatores de Forças, Oportunidades, Fraquezas e Ameaças relacionados à competição no ambiente de negócios ou no planejamento de projetos.

insider, ou seja, interno ao sistema, e não de um *outsider*, externo ao sistema, deveria ser o termo "vulnerabilidade interna".

Infelizmente, por conta desse aspecto conceitual, muitos que se aventuram a falar de *insider threat* acabam cometendo falhas que são decorrentes da necessidade de compreender a organização como um sistema e, assim, empreender ações de acordo com a natureza dos fatores: internos, sobre os quais há mais expectativas de atuação direta, por demandar esforço da própria organização; e externos, sobre os quais a organização nem sempre dispõe de mecanismos de atuação direta.

MATRIZ SWOT

	FATORES INTERNOS	FATORES EXTERNOS
MAXIMIZAR	FORÇA	OPORTUNIDADES
MINIMIZAR E MITIGAR	VULNERABILIDADES ou FRAQUEZAS	AMEAÇAS

POR QUE O CONHECIMENTO DAS VULNERABILIDADES INTERNAS É IMPORTANTE PARA A CONTRAINTELIGÊNCIA?

Uma das possíveis respostas seria porque as organizações enfrentam diariamente riscos relacionados à segurança física e cibernética de suas instalações, sem contar com perdas às vezes nas casas dos milhões por conta de fraudes. Uma segunda resposta com a qual alguns leitores poderão não concordar é que, em geral, a questão da segurança é vista por líderes em suas empresas como um problema do portão para fora. O problema da segurança só existe da borda para fora. Dentro, tudo parece sempre perfeito.

Segurança deve ser vista como investimento, não como gasto, o que lamentavelmente se constata nas empresas em geral. Um bom CEO não terá muita dificuldade para aceitar que segurança traz ROI (*Return on Investment*).

Embora ameaças estejam sempre presentes no contexto de um negócio, vulnerabilidades intrínsecas às fraquezas de qualquer sistema são como buracos nos perímetros de segurança por onde vazam informações e que necessitam ser contidos, pois atores adversos que desejam atacar sua organização estão justamente procurando por essas fragilidades para explorá-las, razão pela qual Winkler (1997, p. 89), antes mesmo da explosão dos ataques cibernéticos vivenciados atualmente, já alertava, em meados de 1997, sobre a necessidade de que bons gestores de segurança conheçam primeiramente suas fraquezas.[132]

No que tange à segurança cibernética, por conseguinte, ataques cibernéticos conhecidos como *ransomware,* que exigem o pagamento de resgate para descriptografar arquivos e não divulgá-los em redes sociais, podem provocar a interrupção total de serviços de uma empresa ou o vazamentos de dados destinados a infringir danos à imagem de uma corporação.

---

132 Outra leitura recomendada sobre segurança do negócio encontra-se no livro *Protective Security,* que, de maneira bastante ilustrativa, apresenta exemplos práticos para os gestores de segurança.

Os ataques cibernéticos perpetrados contra infraestruturas críticas para sabotar a operação como, por exemplo, de uma usina elétrica ou de uma central de abastecimento de água podem causar a interrupção do fornecimento de energia elétrica e água para cidades inteiras, sendo que, com os desdobramentos da pandemia de COVID-19, complexos hospitalares passaram a ser vítimas dessa ação inescrupulosa.

Ataques de negação de serviço (*DoS - Denial Of Service*), conduzidos por grupos *hacker*, tentam fazer com que aconteça uma sobrecarga em um servidor e, consequentemente, os recursos do sistema na internet fiquem indisponíveis para seus utilizadores.

Há ainda os ataques cibernéticos destinados a obter, de maneira sorrateira, conhecimentos das credenciais de acesso de uma pessoa de interesse em uma organização, tais como seu registro de *login* e senha, para que esse infrator consiga acessar os sistemas computacionais das organizações.

Esse tipo de ataque está, na maioria das vezes, associado à extração de dados e informações sigilosas, ação que se associa à prática de espionagem cibernética para a obtenção fraudulenta de segredos industriais, conforme já mencionado anteriormente.

A utilização do termo *"insider threat"*, portanto, no que tange às vulnerabilidades internas associadas a pessoas que podem de alguma maneira comprometer a segurança do negócio, com comportamento intencional ou involuntário, pode ser assim caracterizada:

> » Um indivíduo que tem vínculo empregatício com uma organização e que possui acesso a ativos digitais (*desktop, laptop, tablet* ou dispositivo móvel), bem como acesso a informações que são classificadas como sigilosas e são de propriedade da empresa;

» Um indivíduo que trabalha para uma empresa que presta serviços de maneira terceirizada, ou que faz parte da cadeia logística de suprimentos e que possui acesso a informações sigilosas e/ou sistemas da empresa contratante; e

» Um ex-funcionário de uma organização que, de alguma maneira, manteve as credenciais de acesso aos sistemas corporativos e, com isso, reteve seu acesso a informações da antiga empresa.

Na literatura internacional, encontram-se também algumas variantes na definição do termo *insider threat*, além das três apresentadas acima. Uma delas está relacionada ao termo Ladrão de Credenciais, ou seja, aquela pessoa, de dentro ou de fora da organização, que tendo acesso indevido a sistemas corporativos utiliza-se dessa oportunidade para obter dados de credenciais e, consequentemente, vender credenciais de acesso de funcionários de uma corporação para grupos de cibercriminosos na *dark web*.

Uma característica relevante do conceito de *insider threat* é que a situação de incidente cibernético que pode levar ao comprometimento de credenciais de acessos pode ser fruto da ação de um funcionário que age de forma apenas negligente ou acidental e que não foi corretamente treinado e, assim, ao acessar indevidamente, por exemplo, um link malicioso derivado de um *phishing,* acaba, sem intenção, por dar início à abertura de uma "porta" de acesso a um cibercriminoso.

A outra característica advém de uma pessoa verdadeiramente mal-intencionada que atua de forma premeditada e antiética, ou até mesmo ilegalmente mancomunada com cibercriminosos, a fim de facilitar algum tipo de incidente cibernético ou, de alguma maneira, auferir lucro com informações sigilosas.

> [...]as ameaças cibernéticas enfrentadas pelas organizações globais de hoje e contemplando os custos para enfrentá-las podem deixá-lo desanimado. Mas existe uma área de atuação que os esforços de um gestor de segurança valem a pena: o treinamento. Não perca de vista a seguinte mensagem: a maioria das perdas de segredos de negócios são provenientes de vulnerabilidades internas, não de *outsider*, e acontecem muito mais por negligência do que por roubo deliberado[...][133]

 **Lembre-se: não deixe de investir em Pessoas, Processos, Tecnologias e, pode acreditar, o elo mais fraco da corrente é representado pelo fator humano.**

A AVENTURA DE ALICE - UM CASO EMBLEMÁTICO PARA O BRASIL

Consoante ao pensamento de uma atitude premeditada, o exemplo proporcionado pelas condutas do engenheiro naval norte-americano Toebbe, que adotou o próprio codinome como ALICE, e de sua esposa, que se tornou público a partir de divulgação oficial por parte do governo norte-americano, em outubro de 2021, é o típico caso de alguém de dentro de uma organização

---

133 Pooley (2015, p. 75). Tradução livre do autor.

que tentou, deliberadamente, vender segredos militares referentes aos submarinos de propulsão nuclear da classe *Virginia*, da Marinha dos EUA (*United States Navy* - USN)[134].

O fato permite a afirmação de que *insider threat* tem relação direta com a proteção de conhecimentos sensíveis de uma corporação e a indagação de qual teria sido a motivação do casal de classe média a decidir pela aventura de implementar um plano para vender segredos[135] militares de uma classe de submarino nuclear para o Brasil. [136]

Com base no que prevê o *"Atomic Energy Act"* do governo norte-americano, o casal foi processado e condenado severamente, em novembro de 2022, após a colaboração do Brasil e da condução de uma operação bem-sucedida de contrainteligência por parte do FBI, pela

---

134 "Maryland Nuclear Engineer and Spouse Arrested on Espionage-Related Charges" e Termo de Acusação. Disponíveis em: https://www.justice.gov/opa/pr/maryland-nuclear-engineer-and-spouse-arrested-espionage-related-charges e https://www.justice.gov/opa/press-release/file/1440946/download. Acesso em: 22 out. 2023.

135 À guisa de nota, a ordem de grandeza de custo para a construção de um submarino nuclear da classe *Virginia* é de três bilhões de dólares.

136 Este caso foi originalmente apresentado pelo autor em um artigo publicado no site da Bravus Consultoria, em novembro de 2021, quando ainda não se sabia que o país ao qual fora endereçada a oferta de material secreto era o Brasil. Na ocasião, por dedução, o autor mencionou que Argentina, Alemanha, Brasil, Chile, Coreia do Sul, Espanha, França, Holanda, Itália, Japão e Turquia poderiam ser países cogitados como sendo um possível destinatário. Sabidamente, de acordo com dados de inteligência em fontes abertas, o Brasil é o único país que, mesmo na época da divulgação do fato, desenvolve a construção de um submarino com propulsão nuclear. Ademais, a Marinha do Brasil também é responsável pelo programa estratégico de enriquecimento de urânio para fins pacíficos. Disponível em: https://www.bravusconsultoria.com.br/reflexoes-para-o-setor-corporativo-sobre-a-aventura-de-um-casal-espiao/. Acesso em: 22 out. 2023.

tentativa de comunicar informações restritas e sigilosas para um país estrangeiro, além do crime de conspiração para tal intento.[137]

O que aconteceu?

Do ano de 2012 até outubro de 2020, o engenheiro nuclear Jonathan Toebbe trabalhou em projetos de propulsão nuclear no *Bettis Atomic Power Laboratory*, e era portador de uma Credencial de Segurança ultrassecreta do governo dos EUA.

Ao longo desse período, de alguma maneira não revelada, Toebbe, utilizando-se de seu acesso a informações classificadas e burlando as medidas de segurança da USN, logrou êxito em extrair o que foi mencionado como algo em torno de 11.000 (onze mil) páginas de documentos sensíveis sobre os submarinos da classe *Virgínia*.

Em 1º/04/2020, Alice enviou uma carta pelo serviço de correios para alguém do Brasil não especificado nos documentos, com uma amostra do material sensível (confidencial) acerca da classe de submarinos em epígrafe, solicitando que o material fosse encaminhado para o serviço de inteligência militar brasileiro, e se ofereceu para vender mais conhecimentos, o que permite inferir que tal operação foi meticulosamente planejada:

> *Essas informações foram* **lenta e cuidadosamente coletadas ao longo de vários anos** *no curso normal do meu trabalho* **para evitar atrair a atenção** *e, assim, passar pelos* **postos de controle de segurança** *algumas páginas de cada vez* (grifo do autor) (tradução do autor).

---

137 A esposa foi condenada a 21 anos de prisão e o engenheiro Jonathan Toebbe, a 18 anos. "*Submarine spy couple receives harsher prison sentences after judge rejected plea deals*". Disponível em: https://www.cbsnews.com/news/jonathan-toebbe-diana-toebbe-navy--submarine-spy-couple-sentenced-to-prison/. Acesso em: 22 out. 2023.

Na carta, havia instruções específicas sobre como deveriam se processar as comunicações entre o remetente e o destinatário, utilizando e-mails criptografados na plataforma ProtonMail, pelo navegador TOR.

Em 20/12/2020, cerca de oito meses depois, alguma autoridade brasileira informou, possivelmente ao Adido do FBI acreditado no Brasil, sobre o conteúdo da referida carta. A partir daí, o FBI, fazendo-se passar por um representante do serviço de inteligência militar brasileiro, seguindo as instruções de comunicações criptografadas, deu início aos contatos com Alice.

Embora Alice tenha manifestado nos e-mails a preocupação em não ser descoberto e, por isso, tenha insistido em entregar as informações eletronicamente, com pagamentos em criptomoedas *Monero*, o FBI logrou êxito em convencer Alice a realizar as entregas de forma presencial, em solo norte-americano, por meio de *dead drop*.

Nesse processo de elicitação conduzido pelo FBI, Alice, tentando se precaver quanto à autenticidade do representante brasileiro, exigiu que fosse deixado um sinal visível no topo do prédio da embaixada brasileira, sediada em Washington, na data do *Memorial Day*.

Tendo sido a exigência atendida pelo suposto representante brasileiro, em maio de 2021, Alice se dispôs a entregar o material de forma presencial (*dead drop*) e não mais eletronicamente pelo ProtonMail.

Em 18/06/2021, o FBI, passando-se pelo representante brasileiro, contatou Alice e transmitiu informações operacionais de como proceder o primeiro *dead drop*, o que ocorreu em 26/08/2021, quando Alice deixou no local predeterminado um cartão de memória de 16Gb, embrulhado em plástico dentro da metade de um sanduíche de amendoim.

Nessa ocasião, o FBI observou que uma mulher acompanhava Alice, afastada cerca de um metro de distância, e que servia de observadora para identificar se havia alguma vigilância no local. A partir desse acontecimento, o FBI identificou que Alice era J. Toebbe e que a mulher que o acompanhava era sua esposa.

A imagem a seguir reproduz uma das narrativas referentes à segunda entrega de material sigiloso, na qual o cartão de memória estava escondido dentro de um invólucro de band-aid. Mais importante, a imagem apresenta a transcrição da mensagem encaminhada por Alice após a bem-sucedida operação, na qual agradece pela parceria profissional e confiável; cita sua abordagem não convencional, provavelmente em referência ao envio de uma carta; e agradece ao representante brasileiro, na verdade o controlador do FBI, por estar assumindo riscos também:

49.   Later on the same date, July 31, 2021, the FBI recovered a 32GB SD card left by **JONATHAN TOEBBE** at the dead drop location. The SD card was hidden in a sealed Band-Aid wrapper with a Band-Aid inside a clear Zip Lock bag. The FBI had observed **JONATHAN TOEBBE** remove the Ziploc bag from his left shorts pocket, place the bag in an FBI-designed container, and remove a written message the FBI had placed in the container for him.

50.   The SD card contained the following typed message from "ALICE." The word [REDACTED] appears where the original message contained classified information or Restricted Data.

You can not imaging [sic] my relief at finding your letter just where you told me to look! Indeed, this has been a long journey and I am very happy to have a reliable professional partner in you. I am sure my unconventional approach was worrying your superiors. Thank you for taking the risks you have to build the mutual trust we need to move forward.

Extrato do Termo de Acusação - United States District Court.

Foram realizados três *dead drops*, tendo Alice recebido do FBI a quantia de USD 100.000 (cem mil dólares) em criptomoeda, sendo que a esposa participou de duas entregas efetuando uma espécie de contra-vigilância.

De acordo com Alice, os documentos extraídos da USN estavam subdivididos o que totalizaria 51 (cinquenta e uma) entregas, e o valor cobrado chegaria ao total de USD 5.000.000 (cinco milhões de dólares). Ao ser questionado, Alice disse que trabalhava sozinho nessa operação e que somente uma pessoa de sua confiança sabia das entregas, o que se soube com as investigações que se tratava da própria esposa.

Ao perceber que Alice poderia fugir dos EUA ou estar realizando a mesma operação com outro país, o FBI decidiu por empreender a prisão do casal.

Por que Alice decidiu empreender essa aventura?

Uma possível visão do caso é que Toebbe tenha se comportado como um "empreendedor"[138] ou automotivado espião e que não foi recrutado por nenhuma outra agência de inteligência estrangeira. Todavia, mesmo sem ser recrutado, se propôs a se tornar um espião para um país que estivesse disponível a pagá-lo, instigado pela esposa, o que reforça que o dinheiro seria a principal motivação.

O caso é sério e, sem qualquer tentativa de ser irônico, presume-se que Alice tenha se deixado levar por exemplos dos filmes de Hollywood.

Alice, tomando-se como referência a obra *To Catch a Spy* (OLSON, 2019), comportou-se não como um "*walk-in*", ou seja, um "entrante" que, fisicamente, se apresenta para uma embaixada com o propósito de servir de agente ou informante àquele governo, conforme casos clássicos da espionagem durante a Guerra Fria.

---

138 Opinião da empresa de segurança corporativa norte-americana Torchstone: "*Lessons From a Nuclear Spy Case By TorchStone VP, Scott Stewart*". Disponível em: https://www.torchstoneglobal.com/lessons-from-a-nuclear-spy-case/. Acesso em: 22 out. 2023.

Em realidade, Alice comportou-se como um *"write-in"* (OLSON, p. 104), "a frio", ou seja, como ele realmente o fez, corajosamente escrevendo uma carta para adentrar ou se apresentar ao serviço de inteligência brasileiro a fim de vender seus serviços.

 **"É a pergunta mais antiga de todas, George. Quem pode espionar os espiões?" (John le Carré - do filme Tinker, Tailor, Soldier, Spy)**

Segundo a visão da empresa Torchstone e do professor Olson, seja um *Write-in*, como o caso em comento, um *Walk-in* (aquele que entra em uma embaixada), ou um *Call-in / Talk-in* (aquele que telefona para se apresentar), este tipo de pessoa é visto com muita desconfiança por um serviço de inteligência estatal que recebe a oferta, pois entende-se que o pretendente ao trabalho de espião seja, na realidade, um agente duplo previamente preparado para estabelecer contatos com o serviço de inteligência, mesmo não sendo de um país adversário no contexto geopolítico.

Talvez, se Alice tivesse continuado com seu plano original de comunicações por intermédio de e-mails criptografados na rede TOR, o FBI ainda estivesse conduzindo a investigação para identificá-lo, o que reforça a preocupação das corporações com as questões de cibersegurança.

O caso dessa vulnerabilidade interna em programas sensíveis da USN também permite formular o raciocínio de que as autoridades brasileiras tenham avaliado a tentativa de Alice de vender as informações como uma operação por demais arriscada, pois poderia se tratar de uma ação preparada e premeditada conhecida no metiê como *false flag operation*, até mesmo por uma terceira parte alheia aos EUA, para, em realidade, averiguar se o Brasil estaria disposto e teria capacidade e envergadura para conduzir uma ação de espionagem militar contra os EUA dessa magnitude.

O risco de que a operação fosse desmascarada ao longo do tempo, certamente, levaria a um grave incidente diplomático entre os dois países e entre as duas marinhas de guerra.

CARACTERÍSTICAS TÍPICAS DE COMPORTAMENTO DE UM *INSIDER* DENTRO DA ORGANIZAÇÃO

Antes de caracterizar tal comportamento, citam-se alguns exemplos de *Insider Threat* relacionados a possíveis casos de espionagem.

Normalmente quem é espionado, quando a vítima fica sabendo, pois em muitos casos quem foi espionado nem se apercebe que foi, ainda mais em casos de espionagem cibernética, prefere não dar publicidade das suspeitas ou do fato já consumado, em razão da exposição negativa que isso proporciona para a organização.

Tomando-se como exemplo o que a empresa Torchstone menciona como casos concretos[139], têm-se que o assunto não é apenas ficção:

> Em 2018, dois homens foram[...] acusados de roubar segredos comerciais da empresa química Lanxess. Eles pretendiam abrir uma empresa rival[...] Os homens[...] tentaram abordar clientes da Lanxess em uma feira de produtos químicos para a nova empresa[...]

---

139 Disponível em: https://www.torchstoneglobal.com/lessons-from-a-nuclear-spy-case/. Acesso em: 5 nov. 2023.

Em 2017, um funcionário da química[...] Chemours, a maior produtora mundial de cianeto de sódio[...] foi[...] acusado de tentar roubar os segredos comerciais da empresa para vender a investidores em uma empresa concorrente.

Em 2017, quatro executivos da Applied Materials foram[...] acusados de roubar esquemas proprietários que continham detalhes e processos sensíveis relacionados à produção de semicondutores da empresa[...]

Em 2016, um funcionário da empresa farmacêutica GlaxoSmithKline foi preso depois de roubar informações proprietárias que esperava usar para atrair[...] investidores em uma tentativa de criar uma empresa rival (tradução livre do autor).

Não é intenção resumir em poucas linhas um assunto tão relevante por envolver o comportamento humano, mas é possível apresentar ao leitor alguns comportamentos suspeitos de colaboradores ou prestadores de serviços a que os gestores de segurança, nas mais diversas organizações, devem prestar atenção, a fim de identificarem sinais de alerta para essas vulnerabilidades internas, assim sintetizados[140]:

» Acesso a dados confidenciais fora do horário normal de trabalho;

» Cópia/transferência frequente de dados/arquivos para dispositivos externos ou outras pastas do sistema;

» Transferência de grandes quantidades de dados usando arquivo *zip*, dispositivo USB ou *upload* na nuvem;

---

140 "*10 Unusual Insider Threat Behavioral Indicators*", publicado em 10/05/2023, no site *Security Boulevard*. Disponível em: https://securityboulevard.com/2023/05/10-unusual-insider-threat-behavioral-indicators/. Acesso em: 22 out. 2023.

» Acesso a dados/arquivos que não são necessários à realização do trabalho;

» Uso de aplicativos ou softwares não autorizados;

» Alterações nas configurações de segurança dos dispositivos de trabalho sem autorização;

» Acesso não autorizado a servidores ou a sistemas ou a ambientes físicos restritos;

» Grande número de tentativas de login com falha de autenticação da senha;

» Compartilhamento de senhas ou credenciais; e

» Exclusão ou modificação de relatórios que contenham informações como *logs* de acesso (tradução livre).

Nesse contexto, se encaixam como uma luva as ideias de Nasheri, descritas no livro *Economic Espionage and Industrial Spying*[141], que se relacionam com atitudes de *insiders* que se prestam a, deliberadamente, burlar dispositivos de segurança.

> Recentemente, organizações privadas e governos se mobilizaram para construir *firewalls* de rede, adicionar *software* antivírus e configurar sistemas para detectar intrusão, mas nenhuma dessas ferramentas de segurança pode impedir que um determinado *insider* roube segredos da empresa ou desvie fundos (tradução livre).

---

141 Nasheri (2005, p. 71).

Acrescentam-se ainda outros indicativos que podem servir de alerta, quais sejam a solicitação de criação de novas contas de usuário sem justificativa plausível; a requisição de acesso a documentos relacionados a um projeto de outro setor; o uso de aplicativos no ambiente de trabalho sem autorização; a renomeação de arquivos ou pastas; a impressão de grandes quantidades de documentos; a solicitação para aumento das permissões de acesso aos sistemas; e o recebimento de e-mail de origem suspeita e não condizente com o ambiente de trabalho, ainda mais se tal fato não for informado aos seus superiores.

ENFRENTAMENTO DO PROBLEMA

Para todo problema há uma solução, por mais amargo que seja o remédio.

Além de, primeiramente, ser necessária a conscientização para a questão, medidas podem ser adotadas para, no mínimo, mitigar essas possíveis vulnerabilidades internas.

A seguir, são apresentadas duas sugestões de enfrentamento mais específicas para as questões cibernéticas; todavia, nem de perto esgotam o assunto.

Adoção de uma estratégia de ZERO TRUST

A estratégia de "confiança zero" baseia-se no princípio de "nunca confiar e verificar continuamente". Nesse contexto de *insider threat*, essa estratégia de segurança de rede e de dados tem como filosofia o pensamento de que nenhuma pessoa ou dispositivo, dentro ou fora da rede de uma organização, deve receber acesso para se conectar aos sistemas de trabalho a menos que seja explicitamente necessário e, tão importante quanto, ter a identidade do usuário sempre confirmada.

Se as identidades e credenciais de funcionários e parceiros forem continuamente verificadas antes que o acesso a servidores e sistemas de arquivos de dados seja concedido, os incidentes provocados por *insider threats* podem ser melhor monitorados e haverá a chance de antecipação às tentativas de acessos indevidos e não autorizados.

Essa estratégia obriga que qualquer pessoa, dentro ou fora da organização, identifique-se para fazer o acesso, assim como é normal que funcionários tenham que se identificar fisicamente com um crachá ou por biometria toda a vez que passam por uma catraca de controle de acesso na portaria de suas empresas.

Embora transpareça como uma desconfiança, a medida de segurança recebeu incentivo e reforço por conta dos reflexos da pandemia de COVID-19, que obrigou muitas empresas a adotarem o *home office* como opção de trabalho híbrido, o que reforçou o conceito de *work from anywhere*.

Além disso, mesmo antes da pandemia, por conta da ideia de *coworking* e espaços abertos de trabalho, havia o conceito de *bring your on device*, ou seja, trabalhe com o próprio computador, em rápidas palavras, que, em suma, representa a possibilidade de relaxação em regras de segurança.

Todavia, um aspecto deve ser considerado ao implementar a estratégia de *Zero Trust*, qual seja o de evitar criar um ambiente tóxico de trabalho por conta do possível clima de desconfiança generalizado. Disso resulta, portanto, a necessidade de um trabalho consistente de informação, conscientização e treinamentos de colaboradores.

O conceito de *Zero Trust* em certa medida respalda o neologismo utilizado por Warmka para a antiga frase *"trust, but verify"*, um provérbio de origem russa utilizado pelo ex-presidente Ronald Reagan, que significa "confie, mas verifique".

Warmka (2021, p. 119), ao abordar o fator humano, seja por intermédio de uma ação inocente ou intencional, como o principal elo relacionado à vulnerabilidade na segurança e proteção de dados, no ambiente cibernético, refez a frase da seguinte forma: *"verify, then trust"*, o que pode ser traduzido como "verifique [primeiro], depois confie", algo que reflete uma nova realidade e consequente necessidade para o CISO (*Chief Information Security Officer*).

 **Compartimentação da informação é uma restrição física e digital no acesso a informações e documentos sigilosos, com base na necessidade de conhecer e credenciamento de um usuário.**

Realização de investimentos em tecnologia

A tecnologia pode desempenhar um papel preponderante na mitigação de vulnerabilidades internas. Cita-se aqui, além de outras, duas tecnologias que auxiliam na questão: - *User Entity and Behavior Analytics* (UEBA), tradução que se refere à Análise do Comportamento do Usuário; e - *Data Loss Prevention* (DLP), traduzido como prevenção contra a perda de dados.

UEBA é um conceito de segurança cibernética, além dos modelos tradicionais, que se presta a servir de apoio e utiliza aprendizado de máquina (*machine learning*), algoritmos e análises estatísticas, a partir de fontes de dados disponíveis, para detectar comportamentos anormais ou ações maliciosas e não autorizadas dentro de uma rede de dados de uma organização, que possam indicar uma potencial ameaça à segurança.

A solução UEBA estabelece uma linha de base e, em seguida, identifica quaisquer anomalias ou desvios de padrão do usuário em relação ao modelo estabelecido.

Colaboradores com privilégios de acesso a sistemas tornam-se a categoria mais visada para a ocorrência de incidentes com *insiders threats* dentro de uma organização devido ao seu nível elevado de acesso a informações confidenciais.

Todavia, isso não significa que funcionários com menos privilégio de acesso não possam, por negligência, ser vítimas de ataque *phishing*, ou, por má-fé, introduzir, via um dispositivo USB, o famoso *pen drive*, um *malware* nos sistemas da empresa com a orientação de um *outsider* intencionado a invadir os sistemas de uma organização. Para tanto, vide o exemplo que merece destaque sobre a tentativa de um *outsider* russo em cooptar um funcionário da empresa TESLA, oferecendo quantia em dinheiro para facilitar a intrusão de *malware* nos sistemas da empresa, caso que foi objeto de investigação do FBI em 2020.[142]

A ferramenta DLP é uma solução que ajuda a detectar e prevenir a perda, o vazamento ou o uso indevido dos dados de uma organização, tal como a violação de dados. A DLP apoia as organizações ao sinalizar quando um funcionário tenta exfiltrar[143] informações confidenciais em unidades USB ou em plataformas de armazenamento baseadas em nuvem.

---

142 "*Russian pleads guilty to Tesla ransomware plot*". Disponível em: https://www.bbc.com/news/world-us-canada-56469475. Acesso em: 22 out. 2023.

143 A diferença conceitual entre as ações de "vazamento de dados" e de "violação de dados" é descrita no artigo da Bravus Consultoria, intitulado "Proteção do Conhecimento Sensível – Vazamento ou Violação de Dados". Disponível em: https://www.bravusconsultoria.com.br/protecao-do-conhecimento-sensivel-vazamento-ou-violacao-de-dados/. Acesso em: 22 out. 2023.

As soluções DLP tendem a funcionar com melhor performance em organizações que já tenham políticas de classificação de informações sigilosas e de compartimentação dessas informações previamente implementadas.

Adoção de cultura organizacional focada em cibersegurança

Melhorar a cultura e os hábitos de segurança de uma organização depende do estabelecimento de um bom programa de conscientização em segurança, que deve incluir, mas não se limitando a:

» Adesão da alta administração e das lideranças da corporação para a implementação de programas de segurança. Lembre-se de que palavras convencem, mas o exemplo arrasta. Isso serve para reforçar que, sem a participação efetiva da liderança da organização, a taxa de sucesso tende a diminuir;

» Adoção de um sistema holístico de aprendizagem e treinamento em segurança cibernética;

» Implementação de campanhas regulares de simulação de ataques *phishing* para identificar funcionários que possam ser suscetíveis a essa tática enganosa, ou outras técnicas de engenharia social para roubo de credenciais;

» Envolvimento de todos os setores da organização, em especial do setor de Recursos Humanos (RH); que, por suas atividades, tem mais facilidade para conviver com os colaboradores e trocar expectativas e anseios;

» Caso sejam estabelecidas penalidades por descumprimento dos princípios do programa de treinamento e conscientização, tais medidas devem ser claramente comunicadas às partes interessadas;

» Definição de métricas para auferir o progresso do programa;

» Implementação de uma política de classificação das informações de acordo com o grau de sigilo atribuído e de credenciamento dos funcionários, conforme seus níveis de acesso a informações e locais sigilosos;

» Conscientização do conceito de *need to know*, que significa "necessidade de conhecer", o que leva os funcionários a respeitarem a compartimentação de informações sigilosas e, assim, evitar melindres; e

» Adoção de um Plano de Resposta a Incidentes Cibernéticos.

A relevância do tema é reforçada no livro *Chinese Industrial Espionage*, ao explorar o que os autores classificaram, em 2013, de um elaborado programa governamental da China destinado à obtenção de tecnologia estrangeira, sendo que os autores já reforçavam o pensamento de que *insider threat* não representaria um mero neologismo.

> A segurança relacionada a pessoas é a mais importante, porque **os *insiders*** representam a ameaça mais grave à segurança corporativa, dada sua capacidade de, potencialmente, contornar ou minar as medidas técnicas.
> As medidas de segurança de pessoal devem incluir: [...]Treinamento obrigatório de segurança interna para toda a equipe[...] [144] (grifo do autor) (tradução do autor).

---

144 Hannas *et al.* (2013, pp. 271-272).

Esse conjunto de fatores fez com que durante a pandemia aumentassem os casos de ataques *ransomware* e de incidentes cibernéticos associados a *insider threat*, sendo que se verificam números que chamam a atenção para a questão, em especial as quantias em dólar pagas pelas vítimas para remediar tais incidentes: [145]

> De um total de 6.083 incidentes estudados no relatório, durante os anos de 2021 e 2022, e diretamente relacionados a *insider threat*, a negligência mostrou-se como sendo a causa primária na maioria dos incidentes em um total de 3.807 ataques, o que corresponde a 56% da amostra, custando em média a quantia de US$ 484.931 por incidente;
>
> *Insiders* mal-intencionados causaram 26% dos ataques analisados, ou seja, 1.749 incidentes, ao custo médio por incidente de US$ 648.062.
>
> Do total de casos, 18% estiveram relacionados com ladrões de credenciais, ao custo médio de remediação em US$ 804.997 por incidente, tornando-se, portanto, o incidente mais custoso para reparação (tradução livre).

Nenhuma das bibliografias mais específicas sobre segurança estudadas pelo autor mencionam a necessidade de, antes de ser realizada uma análise de risco, a vantagem de ser conduzido preliminarmente um trabalho de diagnóstico ou *assessment* de vulnerabilidades nas organizações.

Por esta razão, um bom diagnóstico pode e deve contemplar os seguintes temas:

---

145 Relatório do Instituto PONEMON *"2022 Cost of Insider Threats Global Report"*. Disponível em: https://www.proofpoint.com/us/resources/threat-reports/cost-of-insider-threats. Acesso em: 5 dez. 2023.

» Ativos tangíveis/intangíveis e objetivos estratégicos de negócios;

» Segurança cibernética e tecnologia da informação;

» Segurança patrimonial;

» Segurança da documentação/informação;

» Segurança de pessoal;

» Controle/comunicações; e

» Compliance/LGPD/auditoria/investigação interna.

Feito um *assessment*, haverá muito mais subsídios para a Análise de Risco e, consequentemente, a elaboração de um Plano de Segurança para mitigação dos eventuais problemas identificados.

Após ter navegado por mais este pequeno mar com ventos de proa, é hora de partir para a última etapa da navegação, para tratar contrainteligência com um pouco mais de enfoque em fundamentos e princípios, que adredemente já fica consignado que valem nas devidas proporções para a inteligência.

PARTE V
CONTRAINTELIGÊNCIA DE 4ª GERAÇÃO

Espiões de verdade sempre tiveram um relacionamento complicado com o mundo da ficção, enquanto as Agências de Inteligência cortejam Hollywood na esperança de conseguir uma imagem favorável [para seus espiões], pois na inteligência a arte imita a vida e a vida imita a arte (ZEGART, 2022).

UMA SÍNTESE DAS PRINCIPAIS TÉCNICAS DE ESPIONAGEM

No Brasil, como já mencionado, é escassa a literatura que se dedica a abordar a inteligência ainda mais no que se refere à contrainteligência. Em razão de todo o seu contexto de atuação, a intenção nesta última parte desta singradura é tratar o tema da contrainteligência de maneira mais detalhada, tanto pelo viés da segurança patrimonial, quanto pela segurança ativa, tendo a contraespionagem um peso fundamental, ainda mais depois que uma das maiores agência de inteligência do mundo anunciou que deveria se adequar para fazer frente a um modelo de espionagem de quarta geração.

Existem profissionais que atuam no ramo da Atividade de Inteligência que entendem que a contrainteligência faz parte da inteligência. Esses profissionais assumem que a contrainteligência funciona como um setor de apoio ou uma área apensa e subordinada ao serviço de inteligência como um todo.

O autor não concorda com esse posicionamento e segue a linha mais clássica de atuação dos dois serviços coexistindo, porém de forma independente. Até porque, como dito, uma contrainteligência de maneira precípua se destina a neutralizar a inteligência adversa, o que, portanto, demonstra não ser compatível a contrainteligência ser subordinada à inteligência.

Para reforçar mais ainda tais pensamentos, as palavras de Prunckun, no livro *Counterintelligence Theory and Practice* (2019, p. 25), merecem destaque no sentido de esclarecer conceitos.

> A contrainteligência está preocupada com a dissuasão e a detecção. É uma função focada em segurança, mas não é

segurança. No entanto, a segurança é usada defensivamente dentro da contrainteligência. Ou seja, o objetivo da contrainteligência é proteger uma agência (ou seu cliente) contra a infiltração de um adversário; proteger contra o vazamento inadvertido de informações confidenciais; tornar seguras suas instalações e ativos contra a espionagem, a subversão, a sabotagem, o terrorismo e outras formas de violência politicamente motivada; e impedir a transferência indevida de tecnologias (tradução do autor).

Nesse contexto de atuação da contrainteligência, segue-se uma síntese sobre técnicas de espionagem que o autor entende como um compêndio apropriado ao leitor, "pois para se proteger você deve primeiro saber por onde começar a procurar".[146]

Como dito, apresenta-se uma síntese, mas que não esgota totalmente o assunto.

» **Engenharia social:** uso de técnicas de elicitação para manipular pessoas e de falsificação da identidade do interlocutor. No ambiente cibernético, o uso de *phishing* tem se mostrado de uso recorrente.

---

146 A empresa norte-americana Murray Associates, que atua mais especificamente em operações de varredura eletrônica de ambiente para detectar dispositivos de escuta ou gravação (TSCM - *Technical Surveillance Countermeasures*), tem divulgado em seu site o que a empresa considera "*Top 20 Corporate Espionage Spy Techniques*" e que o autor entende como válida a utilização como referência técnica. Disponível em: https://counterespionage.com/corporate-espionage-spy--techniques/. Acesso em: 16 nov. 2023.

Exemplo de *phishing* que induz o destinatário
a acessar um link malicioso

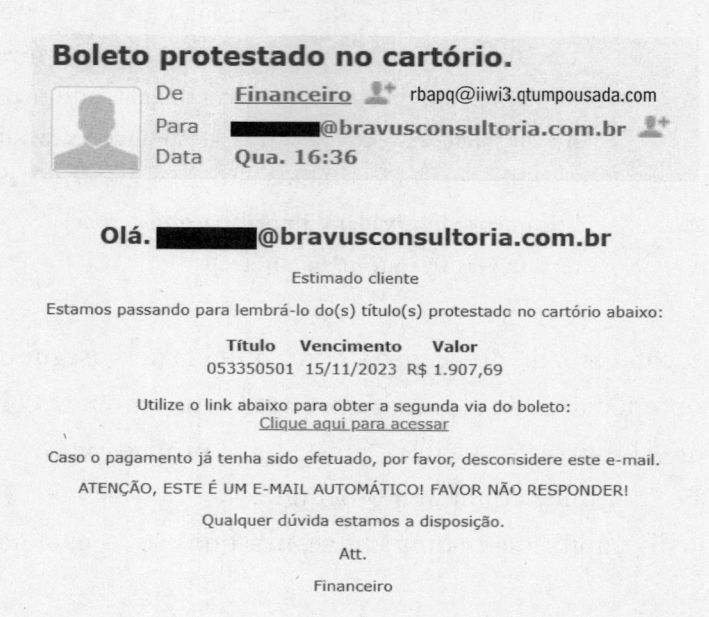

Boleto protestado no cartório.

De	**Financeiro**	rbapq@iiwi3.qtumpousada.com
Para	███████@bravusconsultoria.com.br	
Data	Qua. 16:36	

Olá. ███████@bravusconsultoria.com.br

Estimado cliente

Estamos passando para lembrá-lo do(s) título(s) protestado no cartório abaixo:

| Título | Vencimento | Valor |
| 053350501 | 15/11/2023 | R$ 1.907,69 |

Utilize o link abaixo para obter a segunda via do boleto:
Clique aqui para acessar

Caso o pagamento já tenha sido efetuado, por favor, desconsidere este e-mail.

ATENÇÃO, ESTE É UM E-MAIL AUTOMÁTICO! FAVOR NÃO RESPONDER!

Qualquer dúvida estamos a disposição.

Att.

Financeiro

» **Acesso físico:** entrada em instalações para implantação de escutas eletrônicas de ambiente.

» **Análise de lixo:** embora pouco conhecido, o descarte de lixo físico pode se revelar de muito interesse para espiões que vasculham lixeiras por documentos descartados incorretamente. Acrescente-se a questão do lixo digital. Descartar tão somente para a lixeira do sistema operacional do computador não significa que o arquivo não possa rapidamente ser recuperado por especialistas.

» **Hacking:** violação dos sistemas de computador ou de redes de dados de uma empresa para acessar informações confidenciais.

» **Shoulder surfing:** termo de relativa dificuldade para se traduzir tecnicamente para o português, espiar ou bisbilhotar por cima dos ombros de uma pessoa ainda não deixou de ser uma prática. Cuidado com acesso a documentos quando estiver em um avião. Você nunca sabe quem está sentado ao seu lado.

» **Escutas telefônicas:** prática antiga de grampear telefones para interceptar conversas e mensagens de correio de voz ou texto.

» **Monitoramento secreto:** uso de câmeras, *bugs* ou outras técnicas de vigilância para monitorar e filmar as atividades de pessoas sem que elas saibam.

» **Chantagem:** uso de ameaças ou coerção para forçar funcionários a fornecerem acesso a informações confidenciais.

» **Suborno:** tentativa de recrutar funcionários que têm acesso a informações confidenciais e assim forçá-los a compartilhar tais informações com um concorrente.

» **Mídias sociais:** emprego de coleta de informações em plataformas de mídia social sobre funcionários ou parceiros de negócios de uma empresa, além da própria operação do negócio.

» **Viagens de negócios:** espiões podem tentar coletar informações monitorando itinerários de viagens de empresários, de tal sorte a efetuar reservas em hotéis, no mesmo local do alvo, para se apresentar, coincidentemente, como potenciais parceiros de negócios.

» **Falsificação de identidade:** utilização de documentação falsa a fim de se fazer passar por um funcionário ou representante de uma empresa parceira de negócios para obter acesso a informações ou ativos confidenciais.

» **Fornecedores terceirizados:** em vez de atacar diretamente um alvo, uma inteligência adversa pode abordar fornecedores terceirizados que têm acesso aos sistemas ou dados da empresa-alvo.

» **Vigilância física:** utilização de técnicas de vigilância física para seguir funcionários, observar reuniões, tirar fotos ou fazer vídeos, a fim de coletar informações.

» **Pedidos de emprego falsos:** pessoas devidamente preparadas e treinadas podem se candidatar a vagas de trabalho em uma empresa para obter acesso a informações confidenciais. Recomenda-se cuidado com ofertas de vagas de emprego que se mostram generosas.

» **Eventos sociais:** a participação em festas, congressos e seminários pode ser uma oportunidade para abordagens despretensiosas de um serviço de inteligência adverso.

» **Escutas de conversa alheia:** espiões podem se posicionar para ouvir conversas entre funcionários ou parceiros de negócios e, assim, coletar informações. Tenha cuidado com reuniões em ambientes que não possuam algum tipo de isolamento acústico.

» **Ataques à cadeia de suprimentos:** uma inteligência adversa pode ter como alvo secundário um fornecedor de uma empresa para introduzir *malware* nos sistemas e, assim, obter acesso a informações confidenciais do alvo principal.

» **Acesso remoto:** tentativa de obter acesso remoto aos sistemas ou dados de uma empresa por meio de ataques cibernéticos.

» **Roubo físico:** a prática de roubo de ativos físicos, como *laptops*, dispositivos móveis ou discos rígidos e celulares que contenham informações confidenciais é algo que não se pode deixar de considerar.

É bom relembrar o roubo de *laptops* e cartões de memória da Petrobras, ocorrido em 2008, que estavam acondicionados dentro de um contêiner em deslocamento por via marítima de Santos/SP para Macaé/RJ e que continham informações sigilosas de pesquisas sobre o pré-sal.[147]

FUNDAMENTOS DA CONTRAINTELIGÊNCIA

James Olson (2019, p.39), ex-diretor de contrainteligência da CIA e atualmente professor universitário deste assunto, em seu livro *To Catch a Spy*, menciona, segundo seu ponto de vista, dez (10) mandamentos ou fundamentos da Contrainteligência aplicados direta e indiretamente às agências estatais de inteligência.

Não são todos os mandamentos de Olson que se aplicam ao contexto da contrainteligência estatal brasileira, em função de diferentes percepções geopolíticas entre países com exposição a diferentes tipos de ameaças. Entretanto, acredita-se que são pensamentos de um ex-agente da CIA que nos obriga a meditar.

Embora nem todos esses fundamentos sejam plenamente compatíveis com a atividade de contrainteligência corporativa, o *business counterintelligence*, também entende-se como razoável estudar tais

---

147 Artigo "Mistério ronda roubo de dados da Petrobras, diz 'Economist'". Disponível em: https://www.bbc.com/portuguese/reporterbbc/story/2008/02/080221_economist_petrobrasrg. Acesso em: 29 nov. 2023.

conceitos e abrir caminho para futuras reflexões em razão da realidade inegável constituída pela espionagem praticada no ambiente corporativo das empresas privadas.

> Segundo Olson, James J. Angleton, o lendário chefe da Contrainteligência da CIA, descreveu a atividade como "uma selva de espelhos", o que produz "uma paisagem sempre fluida onde fato e ilusão se fundem".

Labirinto de espelhos.[148]

Seja ofensivo

A atuação meramente passiva e defensiva de um serviço de contrainteligência está fadada ao fracasso.

Para as agências estatais, o caráter ofensivo deve se dar pela exploração das capacidades de penetrar, ou seja, o de se infiltrar em uma organização de inteligência rival e de utilizar agentes duplos. Segundo Olson (p. 41), existe uma obrigação moral e profissional da agência estatal em proteger suas fontes e seus agentes, haja vista exemplos de casos em que um agente A é descoberto pelo oponente B, quando este oponente B consegue se infiltrar na agência A e conhecer a identidade dos agentes de A.

---

148 Imagem que representa uma situação de paranoia vivenciada na CIA, descrita no livro de David C. Martin, nos últimos anos de chefia de Angleton na sua caçada incessante por *moles*. Fonte: https://commons.wikimedia.org/wiki/File:Maze_at_Petrin_Hill.jpg

Valorize os profissionais de contrainteligência

De fato, profissionais de contrainteligência não costumam trazer boas notícias, razão pela qual não são bem-vistos e são considerados como impopulares ou inoportunos.

A existência desse estigma torna difícil o trabalho da contrainteligência em ser bem apreciado, até porque quando a contrainteligência obtém um sucesso é porque antes ocorreu uma falha.

O "paradoxo da contra", um termo utilizado pelo autor, significa dizer que à medida que o serviço de contrainteligência descobriu e identificou que dentro da própria organização existe alguém traindo a confiança e de alguma forma, por exemplo, vazando informação para um serviço adverso ou concorrente, houve, portanto, uma falha anterior da própria contrainteligência, na fase de *background check*, de permitir a contratação de alguém sem o devido perfil ou, o que é mais comum, a falha no acompanhamento da rotina de trabalho dessa pessoa que pudesse trair a confiança de seus superiores e comprometer interesses internos da organização.

O paradoxo da contra significa dizer que, ao ganhar, houve em princípio uma perda anterior, pois alguma inconsistência de *background check*, de acompanhamento, de monitoramento de atitudes, de falta de percepção comportamental ocorreu, em determinado grau, dentro da organização antes de identificar um *insider threat*.

O principal objetivo da contrainteligência, segundo Olson (p. 71) é a prevenção contra a espionagem alheia e contra a traição interna. Para Olson, mais importante do que a prisão de um espião é a prevenção como política de atuação constante que o impeça de agir e atingir negativamente os objetivos de sua organização.

Por isso, ao ganhar, você perde, em um jogo de soma zero, representa dizer que o sucesso da contrainteligência é ofuscado pela própria publicidade, no mínimo interna na organização, de alguma fratura no sistema de segurança.

Um exemplo que se originou no seio da própria contrainteligência foi protagonizado nos EUA e se tornou público,[149] em janeiro de 2023, por conta de um ex-agente federal do FBI, chefe da divisão de contrainteligência do FBI, em Nova York, acusado pelo Departamento de Justiça norte-americano de ter recebido, em espécie, uma soma de 225 mil dólares em forma de suborno ou propina para atuar em favor de interesses de um oligarca russo após a implementação de sanções do governo dos EUA em relação a esse empresário russo.

Considerado pelas autoridades norte-americanas como um caso sem precedentes, a investigação apontou a conduta de lavagem de dinheiro e encontros desse ex-agente do FBI, na cidade de Nova York e no estrangeiro, com membros da inteligência albanesa, com autoridades diplomáticas da Albânia e com pessoas de origem russa, mas com cidadania norte-americana, consequências que podem ter desdobramentos políticos, em razão da sede da Organização das Nações Unidas estar localizada em Nova York.

Exemplos como esse reforçam o que o autor classifica com a expressão "a contra-da-contra", que significa dizer que a contrainteligência deve olhar para dentro de si como um todo e que um profissional por ser da contrainteligência não significa ter passaporte com visto garantido para a idoneidade moral e confiabilidade. Por isso, para tra-

---

149 Artigo publicado pelo jornal *The New York Times* "*How Prosecutors Say a Top F.B.I. Agent Sold His Services Overseas*". "*As the counterintelligence chief in New York [...] had access to sensitive American secrets. His arrest has touched off a scramble to assess the damage.*" Disponível em: https://www.nytimes.com/2023/02/03/nyregion/fbi-intelligence--charged-albania.html?smid=li-share. Acesso em: 20 nov. 2023.

balhar em serviço de contrainteligência, é esperado que a pessoa tenha os mais altos atributos de caráter e solidez moral.

Esteja presente nas ruas

Este mandamento provavelmente é citado por Olson em razão da experiência proveniente da Guerra Fria, período que foi cercado de agentes da CIA e KGB em operações de vigilância e contravigilância de alvos nas ruas de Moscou, Washington, Londres, Berlim e várias outras cidades que protagonizaram os confrontos ideológicos entre as duas potências daquela época.

Com o advento de *drones*, das redes sociais e de redes de monitoramento por imagem, inclusive com reconhecimento facial, é possível afirmar que este mandamento, embora válido, tenha sua relevância diminuída, ou, na verdade, que tenha criado uma alternativa para a presença de agentes nas ruas.

O *tradecraft* representado por uma de suas possíveis técnicas de operações, tal como o *dead drop*, com os famosos sinais de giz nos bancos de madeira nas praças ou nas caixas de correios, ou encontros em cinemas escuros, hoje está sendo substituído pelo envio de arquivos digitais em sistemas de e-mail criptografados, de tal maneira que, ao que tudo indica, as ruas estejam perdendo o protagonismo das atividades encobertas.

Todavia, não subestime a ocorrência de operações de vigilância física de pessoas importantes, sejam elas politicamente expostas ou do mercado financeiro, ou principalmente, pesquisadores e cientistas que desenvolvem projetos de caráter secretos e altamente tecnológicos.

Conheça sua história

Talvez um dos fundamentos mais importantes, pois, segundo Olson, a contrainteligência é uma disciplina difícil e perigosa, que não se aprende intuitivamente ou apenas com autodidatismo. Muitos profissionais bem-intencionados na área da contra cometeram erros que custaram vidas humanas, possivelmente porque não tiveram bons treinamentos e exemplos práticos para se guiarem na carreira.

Outro exemplo emblemático na história norte-americana é o caso de Aldrich H. Ames[150] que, por conta das falhas de acompanhamento da contrainteligência da CIA, no sentido de monitorar o próprio pessoal, acabou por protagonizar, talvez, o exemplo mais clássico de *insider threat* de sua história, o que custou a vida de seus agentes, capturados pela antiga KGB.

Análises não devem ser ignoradas

Este talvez seja o fundamento mais relevante em face do papel do analista de contrainteligência, que não deve ser confundido com o agente de campo.

A curiosidade e o senso aguçado de um bom analista em tentar entender todos os detalhes de um assunto ou caso pode ser crucial para elucidar um problema ou prever a ocorrência de algum tipo de situação danosa para a organização ou, pelo menos, ainda, para emitir recomendações de segurança em relação à prevenção contra possíveis ameaças.

Senso crítico e o não conformismo devem ser características de quem labuta na contra, ao mesmo tempo em que um bom analista não se deixa levar por pensamentos paranoicos ou que procura fomentar teorias da conspiração.

---

150 Aldrich H. Ames (1941) foi um ex-funcionário da contrainteligência da CIA e, atualmente, cumpre pena de prisão perpétua por ter sido identificado, em fevereiro de 1994, após uma longa operação interna da CIA para encontrar a fonte responsável de vazamentos de informações, como um espião que transmitia conhecimentos sensíveis aos russos.

Aliás, um bom profissional da Atividade de Inteligência não trabalha com teorias da conspiração e ainda evita esse tipo de cilada.

Não seja paroquial

Ser provinciano, sem amplitude ou ser raso, é tudo o que não se espera de um analista de contrainteligência. Justamente por ser uma atividade de difícil execução, mesmo nas melhores das circunstâncias, Olson (p. 56) alerta para a importância da interoperabilidade entre agências, que devem deixar de lado os ressentimentos e a inveja institucional.

Seria razoável afirmar que esse preceito tenha aplicação direta para o SISBIN, mas a experiência mostra que o sistema brasileiro ainda está pouco amadurecido e longe de uma verdadeira interoperabilidade entre agências. Somente no papel e no marketing institucional que isto soa como operacional.

Treine seu pessoal

Contrainteligência deve, antes de mais nada, ser entendida como uma disciplina que necessita ser estudada e aprendida.

Há quem se apresente para o mercado dizendo ser profissional de contrainteligência sem nunca ter se debruçado sobre um exemplo de espionagem, e ter, ao menos, vivenciado na prática uma situação real de espionagem.

Não se aprende também contrainteligência somente lendo livros e assistindo a filmes e seriados de TV, pois esta atividade representa um "conglomerado de disciplinas e habilidades" (OLSON, p. 57), que necessitam ser tratadas e ensinadas, inclusive, em local apropriado para a formação de pessoal.

Outro aspecto relevante é que aquela pessoa que deseja atuar nesta atividade tenha, principalmente, vocação para tal, não bastando, tão somente, ultrapassar a barreira de um concurso público, como é o caso do sistema brasileiro para ingresso na ABIN.

Profissional de inteligência é recrutado, esse é o termo e o processo correto, e não apenas selecionado por conta de um concurso público. Esta questão talvez seja uma das maiores anomalias operacionais da qual a ABIN é vítima no que tange ao ingresso de profissionais na agência, em função da legislação vigente para ingresso no serviço público.

Não seja deixado de lado

É fato que existe uma rivalidade entre profissionais de inteligência e de contrainteligência. Em geral, quem atua na contra acredita que o analista de inteligência tem menos capacidade, vive no mundo da adivinhação e do glamour de James Bond.

Em contrapartida, os profissionais da inteligência não gostam de seus homólogos da contra por entenderem que são inconvenientes e que enxergam problemas por todo os lados; só causam dores de cabeça; além da imagem de que o pessoal da inteligência se sente vigiado pela contra.

Daí vem a comparação derivada dos velhos filmes de *cowboy* em que os bons mocinhos (inteligência) utilizam chapéus brancos, enquanto o bandido, ou o moço mau, utiliza o chapéu preto (OLSON, p. 60).

Mesmo na iniciativa privada, CEOs em geral não gostam de assessores que só trazem más notícias, ainda mais se o problema apontado estiver desprovido de sugestão de solução razoável.

Assim é a visão que se tem do profissional de contrainteligência: aquele que só traz más notícias e as soluções são sempre de remédios amargos ou deveras caros. Todavia, a principal característica de um profissional de contrainteligência é ter coragem e dignidade de dizer o que tem que ser dito, mesmo que a verdade seja dolorosa para o C-Level.

Por isso, Olson menciona Angleton (1917-1987), o controverso chefe da contrainteligência da CIA que arruinou a carreira de muitos bons funcionários devido a sua caçada a traidores no período entre 1954 e 1975, ao qual é atribuída uma frase célebre: "*If you control counterintelligence, you control the service*".

Talvez seja um exagero admitir como um argumento totalmente verdadeiro essa afirmação. Todavia, a realidade é que a contra acaba, embora encerrada às vezes em si mesma na busca incessante pelo espião alheio, tendo uma visão interna do sistema muito mais ampla.

Eis a questão. Na contrainteligência, um bom profissional tem que entender um mínimo de inteligência, qual seja, o produto do trabalho da inteligência, sendo que, dependendo do porte do serviço, poderá haver diferentes analistas entre os setores de segurança patrimonial e ativa ao mesmo tempo. Aliás, a recíproca é totalmente verdadeira, pois um analista de inteligência deve também conhecer qual é o trabalho da contra.

O que muitos profissionais de inteligência não sabem é que na contrainteligência também chegam muitos dados brutos de inteligência; que muitos analistas da contra também têm suas fontes humanas em setores estratégicos que fornecem valiosas informações que são matéria-prima para a inteligência.

Imagine, portanto, o campo de visão que um chefe/diretor de contrainteligência não tem dentro de uma agência de inteligência.

Faz-se mister ressaltar que essas palavras, em hipótese alguma, significam dizer que uma é mais importante do que a outra. O que é importante é o bom desempenho da Atividade de Inteligência e da agência como um todo.

Não fique parado por muito tempo

Quando se estuda técnicas de vigilância e contravigilância física de pessoas (alvos), há um ensinamento prático que diz: se você ficar parado, você se torna alvo. Em suma, o que este tipo de pensamento quer dizer é que uma pessoa passível de ser alvo de uma operação de vigilância, pelas mais diversas razões em que algum adversário está interessado em acompanhar detalhes da rotina dessa pessoa, nas ruas ou em determinado evento como, por exemplo, um seminário ou um congresso, quando você fica parado em um determinado local, por um determinado período de tempo, acaba por facilitar o trabalho daqueles que o vigiam.

Obviamente que isso não é uma regra nem possui uma fórmula matemática que comprove o pensamento e a necessidade da vítima de vigilância de se movimentar a cada "x" minutos.

Todavia, uma pessoa atenta, ao se movimentar, pode por si só também observar se alguém aparece em sua linha de visada por duas ou três vezes consecutivas ou não, o que deve despertar, portanto, o mínimo de atenção.

Esse fundamento apresentado por Olson, em realidade, não está relacionado direta e exclusivamente com a questão de vigilância física, mas sim com a perspectiva de que, se um profissional de contrainteligência permanece por muito tempo na mesma função e localidade, acaba, por vezes, intoxicado com os fatos e problemas com os quais é obrigado a lidar na sua rotina de trabalho.

Nunca desista

O último fundamento é o de que para se atuar na atividade de contrainteligência um profissional necessita de tenacidade e persistência.

A atuação deste tipo de profissional pressupõe ter que lidar com a expectativa constante de um *outsider* mal-intencionado e da perspectiva de colaboradores em seu ambiente de trabalho, subordinados ou chefes, que, pelas mais diversas razões, desviaram-se de suas condutas éticas e acabaram por atuar como espiões para um grupo adverso ou concorrente.

Esse tipo de *insider threat* pode levar meses ou até anos até ser identificado. Por isso, adiciona-se como característica fundamental de um profissional de contrainteligência a capacidade de ter paciência, resiliência e, mais importante, muito tato devido ao fato de ter que lidar com seus colegas de trabalho.

Procure investir e fazer melhorias sempre em Processos, Pessoas e Tecnologias – mas lembre-se: pessoas são o elo mais fraco.

BUSINESS COUNTERINTELLIGENCE

Pensar em contrainteligência é ter em mente que se trata de umas das áreas mais desafiadoras da atividade por se tratar de uma tarefa de intelectualidade (PRUNCKUN, 2019) e não de força bruta.

Ter capacidade de observação e de abstração, buscar uma visão estratégica a partir de diferentes ângulos sobre um problema, e argumentar de maneira sólida devem ser características pessoais do profissional de contrainteligência.

A contrainteligência é um trabalho que muito mais se associa à psicologia por lidar invariavelmente com desejos e sentimentos de pessoas, e que não se restringe a lidar com sistemas policialescos de vigilância, tranca nas portas, guardas armados e monitoramento por imagem.

Implementar os mais sofisticados recursos de segurança, como leitor de íris; reconhecimento de voz; construção de salas com revestimento de chumbo para impedir o vazamento sonoro; bloqueadores de celular contra gravações em reuniões; uso de *air tag*; e implementação de chip em ser humano para acompanhamento da locomoção, assim como visto nos filmes de Hollywood, não significa necessariamente atingir a certeza de que seus conhecimentos mais sensíveis, seus segredos, enfim que seu negócio esteja necessariamente protegido contra interesses adversos, principalmente quando o principal ativo, qual seja, o conhecimento, a informação, estão no cérebro de pessoas-chaves.

No âmbito estatal ou governamental, o âmago da atuação da contrainteligência é a proteção do aparato estatal, tendo como uma de suas principais atribuições a proteção da própria agência de inteligência contra um serviço de inteligência adverso e, consequentemente, a proteção de conhecimentos sensíveis associados à cadeia decisória até o decisor máximo do país.

Proteger a agência de inteligência estatal significa, por exemplo, se precaver contra uma operação de infiltração patrocinada por um serviço de inteligência adverso, seja estatal ou privado.

Essa infiltração pode ocorrer com a cooptação, recrutamento e convencimento de funcionários-chaves para repassarem informações sensíveis a um controlador externo. Outra maneira de penetrar em um sistema de inteligência pode se dar pela preparação de pessoas que possam ser futuramente empregadas em postos-chave, inclusive na estrutura de inteligência de um país ou empresa-alvo.

Talvez um dos casos mais emblemáticos de comprometimento de um serviço de inteligência seja o do britânico Harold A. Russell "Kim" Philby (1912-1988), que, durante seu período de formação acadêmica em Cambridge, no Reino Unido, e outros quatro alunos[151] foram gradativamente recrutados e preparados para atuarem profissionalmente em postos de trabalho, sob os interesses e controle da NKVD russa.

Kim Philby, como jornalista político e com informações privilegiadas e propositalmente concedidas pela NKVD, leia-se informações plantadas, conseguiu, ao longo da Segunda Guerra Mundial, ser admitido para o SIS, e progredir na estrutura do serviço de inteligência britânico.

No pós-guerra, com atuações de destaque na Albânia e nos EUA, onde estreitou contatos com oficiais da CIA, Kim Philby chegou a ser cotado para futuramente assumir uma posição de chefia do serviço britânico (BENNETT, 2002, p. 192).

Entretanto, por conta de erros cometidos por seus colegas da rede de espionagem, que, aos poucos, foram sendo descobertos, Kim Philby, tido como um homem mulherengo e extravagante, começou a ser questionado, até que, em 1963, percebendo que seria desmascarado, se evadiu para Moscou, onde residiu até sua morte, tendo sido condecorado com a medalha da Ordem de Lenin e com o título de General da KGB.

---

151 FIVE OF CAMBRIDGE significa a denominação de um grupo de espiões no Reino Unido, formado por cinco alunos dessa universidade, a partir da década de 1930, que, ao longo de suas carreiras profissionais, inclusive em postos de trabalho dentro do governo britânico, foram controlados pela NKVD e passaram informações sensíveis à União Soviética durante a Segunda Guerra Mundial e a Guerra Fria.

Qual é a diferença entre ficção e realidade? A ficção tem que fazer sentido.[152]

Outra responsabilidade de uma agência é a de identificar as campanhas de propaganda, contrapropaganda e desinformação com o intuito de desestabilização social; ou qualquer outra forma de subversão financiada contra o Estado, seja por motivos políticos ou privados.

Em paralelo, deseja-se levar ao leitor à reflexão de que os conceitos de contrainteligência não são restritos aos órgãos da administração pública, civis ou militares, uma vez que *Business Counterintelligence* se refere às medidas de proteção das informações sensíveis do negócio de uma empresa contra a ação de atores adversos privados ou não, que podem se valer de medidas inescrupulosas para obter tais informações. [153]

Percebe-se também que até mesmo alguns profissionais da Atividade de Inteligência se confundem com a complexidade e a abrangência das atribuições que um setor de contrainteligência pode assumir. Alguns profissionais pensam que contrainteligência somente cuida da segurança física das instalações, mas se esquecem de que a proteção dos conhecimentos sensíveis da organização faz parte desse contexto muito mais amplo, e que, em certa medida, a proteção de ativos intangíveis tem uma complexidade ainda muito maior, cuja própria inteligência tem responsabilidade nesse aspecto.

---

152 Frase atribuída a Tom Clancy, citada por Zegart (2022, p. 16), que foi adaptada da frase original de Mark Twain, no final do século XIX, que dizia: "A verdade é mais estranha que a ficção, porque a ficção é obrigada a se ajustar às possibilidades, enquanto a verdade não". No mundo atual de pós-verdades e de factoides, ambas as frases impõem reflexões.

153 Prunckun (2019, p. 31).

Não é difícil de encontrar situações em que a portaria de uma instituição está toda blindada, oferecendo a aparente sensação de proteção; todavia, as informações sigilosas que podem representar a continuidade dos negócios estão à disposição em cima de uma mesa ou disponíveis em uma rede intranet sem senha, sem uma compartimentação mínima de arquivos ou um controle de acesso adequado de usuários, com filtros específicos. E pior, a despeito das medidas de segurança física, funcionários não treinados acabam por revelar segredos naqueles famosos *happy hour*.

Há quem pense que a atuação da contrainteligência é investigativa e persecutória como se fosse uma atividade policial ou de imposição da lei (*law inforcement*), ou que sua atuação está subordinada ao setor de *compliance* unicamente por conta das questões éticas e de combate às fraudes e à corrupção.

Em que pese seja coerente e essencial a atuação da contrainteligência em apoio ao setor de *compliance*, é forçoso admitir que seu escopo de atuação é maior e não deve ser restrito às tarefas de *compliance* organizacional, que, na maioria dos casos, tem uma atuação estritamente jurídica.

Setores de *compliance* empresarial ganharam força em razão da Operação Lava Jato, na busca por implementação de códigos de condutas éticas; no combate a fraudes, na operacionalização de canais de denúncias; e, em conjunto com setores jurídicos da organização, na apuração de fatos que evidenciem algum tipo de incorreção de atitudes, seja administrativa ou técnica.

Contudo, com os últimos acontecimentos jurídicos constatados no cenário brasileiro, inclusive de reversão de decisões judiciais, pode-se afirmar que os setores de *compliance* estão ainda mais envoltos em problemáticas éticas ao terem que enfrentar melindres, afinal estão sempre lidando com pessoas, e até mesmo com questões delicadas perante possíveis infratores que advogam um conceito de moralidade relativa.

A contrainteligência corporativa faz parte das reuniões de diretoria de sua empresa?

Fonte: https://br.freepik.com/fotos-gratis/grupo-de-pessoas-diversas-tendo-uma--reuniao-de-negocios_2894621.htm#query=meeting&position=3&from_view=se-arch&track=sph&uuid=4ce78b99-999f-4e95-b5e5-7304e0b4a894

No que tange à atuação defensiva da contrainteligência com viés de servir como fator de deterrência[154], a adoção de contramedidas pela agência de inteligência A nem sempre terá como resultado fazer com que um serviço de inteligência adverso B, ainda mais se for um serviço privado, desista de obter sucesso em seu intento contra os interesses de A.

Nessa briga de gato e rato, na qual gatos podem se transformar em ratos, Prunckun (2019, p. 55) aponta interessantes princípios da contrainteligência defensiva e ofensiva que servem de referencial para profissionais de segurança. Esses princípios foram condensados e, em certa medida, ampliados de maneira a facilitar o entendimento.

---

154 Ibidem p. 55.

Responsabilidade executiva

O assunto sobre contrainteligência deve fazer parte das discussões do conselho executivo da empresa (*Board* da organização) e deve-se pensar em segurança não somente no nível tático, mas, principalmente, no nível estratégico.

Simetria ética

Deve-se ter em mente que este tipo de trabalho necessita de comportamento ético em todos os níveis e posições dentro de uma agência e da empresa.

Necessidade de estar presente

O acesso físico a determinados locais deve ser autorizado somente a quem de direito. Cuidado especial deve ser dedicado ao acesso físico para quem aparenta ser um parceiro de negócios.

Necessidade de conhecer

Talvez um dos princípios mais relevantes para um profissional da Atividade de Inteligência que deve ter em mente a importância da compartimentação de conhecimentos sensíveis. Um bom profissional deve compreender que a curiosidade em querer saber de tudo é aliada do amadorismo.

Contravigilância e detecção antecipada

É fundamental que haja profissionais treinados para identificar visitantes, por exemplo, durante uma visita institucional em uma empresa que desenvolve produtos ou tecnologias sensíveis, e apresentam comportamentos suspeitos de utilizarem artefatos camuflados para tirar fotos ou gravar imagens de equipamentos.

Preste sempre bastante atenção nas mudanças de nomes na lista de visitantes solicitadas de última hora, com a desculpa de que houve um imprevisto.

A detecção antecipada de comportamentos, seja de colaborador interno, qual seja, o *insider threat*, ou de atividades externas conduzidas por terceiros, que se encaixam em um quadro de ameaça aos interesses da organização, pode evitar transtornos e criar oportunidades de revisão dos próprios procedimentos de segurança.

Políticas e procedimentos realísticos e sinergia

Não se pode pensar em segurança por meio do achismo, além do que não se deve tratar contrainteligência como bombeiro para apagar incêndios. Deve-se ter como foco inicial uma Análise de Risco plausível e que permita a elaboração de um Plano de Segurança, a fim de que sejam adotadas as medidas dentro de um contexto exequível, tanto pelo viés financeiro como em respeito à cultura da organização para evitar que incidentes ocorram.

A imposição de medidas de segurança restritivas e sem fundamentação tende a causar desconforto e desconfiança no ambiente de trabalho.

Defesa em profundidade e o fator imprevisibilidade

Mesmo pensando em medidas defensivas, a contrainteligência deve visualizar sua atuação de forma proativa, não se limitando às fronteiras internas da organização. A implementação de barreiras físicas em camadas; de restrição de acesso físico a determinados locais; e, principalmente, o acompanhamento do comportamento de pessoas que detenham conhecimentos sensíveis para além das fronteiras da empresa podem surtir resultados positivos.

Um ator adverso, via de regra, busca o caminho mais fácil, rápido e que não o denuncie, para obter aquilo que deseja. Por isso, um bom planejamento de segurança deve prever a implementação de barreiras que possam causar algum tipo de confusão e desorientação para esse ator adverso, sob o conceito que o autor classifica como defesa em profundidade.

Núcleo duro

É fundamental que a organização tenha conhecimento da existência de um núcleo duro de contrainteligência e que confie nesse serviço que é destinado à proteção da própria organização e de seus colaboradores.

Fazer contrainteligência por fazer, dizer que tem para preencher tabela, significa afirmar que é melhor nem tentar. Por conseguinte, é imperioso que esse núcleo duro seja instalado em local apropriado e mobiliado de pessoas previamente preparadas e que tenha o apoio dos dirigentes da organização.

Qualidade acima da quantidade

Este princípio pode parecer relativo e subjetivo dependendo de cada circunstância, problema, vulnerabilidade ou ameaça. O que se deseja é incutir a mentalidade de que o trabalho da contrainteligência, justamente por ser algo que nem sempre o resultado é passível de ser mensurado, necessita ser realizado com o intuito de atingir eficiência e eficácia.

Não detectar um vazamento de informação; não ser vítima de um ataque hacker na modalidade *ransomware*; não encontrar escutas clandestinas ou câmeras de filmagens ocultas em uma sala de reuniões, não significa necessariamente que a empresa não foi alvo de uma ação orquestrada de espionagem. Significa dizer, no momento, que a contrainteligência não foi capaz de identificar o que ocorreu ou o que ainda está acontecendo.

Por esta razão, reforça-se a sugestão de realização de diagnósticos/ *assessment* de vulnerabilidades.

DECEPTION

A primeira dificuldade em tratar desse assunto se deve à natural tentativa de traduzir a palavra "*deception*" do inglês para o português, que levaria à palavra decepção.

Deception se refere, primariamente, ao ato decorrente do verbo, também em inglês, "*to deceive*", que significa enganar, levar ao erro, ludibriar alguém. Por conseguinte, o termo *deception* pode e deve ser traduzido como "engano", ou seja, a capacidade de enganar e manipular pessoas em especial durante um processo decisório, a fim de obter algum tipo de vantagem política, estratégica ou financeira.

A arte de manipular e persuadir alguém talvez seja a principal orientação para um profissional que lida com contraespionagem, assim sintetizada na afirmação de London (2021, p. 88) tal como "*the case officer's tool is manipulation*", sendo que a relação entre o recrutador e sua fonte (*agent*) nunca é cercada de inteira confiança.

O livro *Deception – Counterdeception and Counterintelligence* é considerado pelo autor, até o momento, como a obra mais abrangente e rica em conceitos e esclarecimentos sobre operações destinadas a enganar, em especial, os decisores governamentais, mas que igualmente servem para o setor corporativo.

Segundo os autores Clark e Mitchell (2019, p. 9), "*deception*" pode ser definida como informações transmitidas por declarações verbais, escritas ou por implementação de certas atitudes, intencionadas a manipular o comportamento de outros, induzindo-os a aceitar como verdadeiras as falsas atitudes de quem originou determinada ação, ou assumir percepções distorcidas da realidade em seus ambientes político-sociais.

Outra definição mais objetiva é apresentada como o processo de obter vantagens em impor uma percepção falsa da realidade ao alvo.[155]

Nesse contexto, *deception* não é meramente uma atitude acidental ou pensada para a obtenção de resultados inesperados ou aleatórios. Pelo contrário, uma *deception* corresponde a um processo meticuloso de atuação calcada em operações psicológicas, para interferir na forma de pensar do alvo e que se presta à obtenção de resultados calculados, tendo em vista as atitudes a serem tomadas pelo alvo, considerando seu desconhecimento da verdadeira realidade e intenções de seu oponente.

As agências de inteligência, além de tomadores de decisão de alto escalão como o presidente de um país ou de grandes corporações, são potenciais alvos de operações de "*deception*" praticadas por serviços adversos.[156]

Sun Zi talvez tenha sido o primeiro pensador a utilizar a palavra "estratagema"[157], uma palavra que, em português, remete ao "ardil para enganar o inimigo" e à astúcia, como uma maneira de vencer um inimigo mesmo sem travar uma batalha, por meio de ações que levam o inimigo à desorientação e à ruptura de suas alianças.

---

155 Ambas as definições apresentadas em tradução livre do autor.

156 Clark e Mitchell (2019, p. 13).

157 Chunzhi e Chenghu, *The Art of War by Sun Zi*, 2006, p.116.

Clark e Mitchell (2019) também citam a importância de estratagemas relacionados às operações de *deception*, passando por Nicolau Maquiavel (1469-1527), que no século XVI não teria discordado em seus pensamentos para assessorar um rei na conquista e manutenção do poder, por exemplo, das frases utilizadas como demonstração do pensamento ardil: *"kill with a borrowed sword"*; *"watch the fires burning across the river"*; e para reforçar ainda mais, *"let the enemy's own spy sow discord in the enemy camp"*.

Por mais contraditório que pareça, o primeiro princípio básico de uma operação de *deception* é a **verdade**.

Toda *deception* pressupõe inicialmente um fato verdadeiro que o oponente pode comprovar e o que remete à credibilidade de futuras informações acerca dos desdobramentos dos fatos. Nesse contexto, os agentes duplos assumem um papel preponderante como um dos possíveis canais, como mecanismo de comunicação para o empreendimento da operação, para levar ao inimigo novos dados que tendem a ser considerados como confiáveis.[158]

O segundo princípio básico é a **negação** do conhecimento de futuras ações, o que significa dizer que o segundo princípio relativiza o primeiro, pois o adversário não pode saber de todo o conjunto de verdades pretendidas em uma *deception*.[159]

O verdadeiro **engano** corresponde ao terceiro princípio em que informações são fabricadas para tornar verdadeira uma mentira aos olhos e ouvidos do alvo.[160] Nesse contexto, se encaixa o uso da expres-

---

158 Clark e Mitchell (2019, p. 18).

159 Idem.

160 Idem.

são de *"false flag operations"* ou somente *"flag operations"*, que remonta justamente à fabricação de um falso teatro e até mesmo com falsos atores e disfarces para ludibriar o alvo, tornando o mais real possível aquelas informações fabricadas.

Por fim, o quarto princípio se refere à **desorientação** que se presta no conjunto de manipulação a conduzir o alvo, a partir de sua percepção incorreta da realidade, a tomar uma determinada ação, atitude ou decisão, que seja aquela justamente calculada e planejada pelo responsável pela operação de engano.[161]

Possivelmente, o exemplo mais clássico de *deception* tenha sido a operação *Mincemeat*, durante a IIGM, na qual, resumidamente, a inteligência britânica se utilizou de um cadáver que foi preparado para ser encontrado na condição de um militar britânico portando documentos secretos que levariam autoridades militares alemãs à confusão sobre o local de desembarque de tropas aliadas em território europeu.[162]

DESINFORMAÇÃO

O entendimento dos conceitos de propaganda, contrapropaganda e, principalmente, de desinformação, talvez nunca tenham sido tão relevantes quanto o que se percebe neste período turbulento de revolução *on-line*.

É evidente que recursos de manipulação comportamental sempre estiveram presentes na sociedade e são utilizados por atores que

---

161 Idem.

162 Este episódio da guerra ensejou no filme *The Man Who Never Was.*

desejam provocar algum tipo de reação no receptor a partir de uma determinada mensagem.

A propaganda aqui não significa aquela utilizada por meios publicitários para venda de um produto, mas sim uma mensagem que se destina, de forma sistemática e previamente pensada pelo seu emissor, a moldar a percepção de quem a recebe e, com isso, tentar interferir no resultado comportamental do destinatário em função do emprego de dados, fatos, opiniões e conjecturas, no bojo da mensagem, que se prestam a desacreditar o alvo perante um determinado público. Em suma, a propaganda tem o intento de transmitir uma mensagem controlada, em especial para um determinado público-alvo, que se presta a atingir a credibilidade, a reputação e a imagem de uma pessoa ou organização.

O assunto, portanto, tem sua correlação com a Atividade de Inteligência, tomando-se como referência o período da Guerra Fria, quando CIA e KGB também se digladiaram nessa arena, cada qual tentando lapidar a percepção da população de um determinado país vítima da disputa ideológica, em especial os países africanos.

Eventualmente, esse tipo de ação, identificada de propaganda, pode até estar alicerçada em fatos verídicos, mas a questão que leva a uma manipulação cognitiva do receptor está na maneira como aquele fato, provido de outros adornos e mensagens subliminares, é propositalmente encaminhado ao público-alvo.

Por sua vez, a contrapropaganda, relação que é simbiótica com a propaganda, se refere ao ato de transmitir uma resposta para conter os efeitos da propaganda no mesmo público-alvo, no sentido de levar ao receptor uma nova percepção de que aquilo que ele havia recebido era em realidade falso, mentiroso ou desqualificado.

Um dos aspectos da contrapropaganda que merece destaque, além da necessidade de ser direcionada para o mesmo público-alvo da propaganda, é a questão do fator tempo, ou seja, sua eficácia no sentido de conter os efeitos da mensagem difamatória original necessita chegar ao público-alvo com a máxima rapidez. Com este pensamento, pressupõe-se que o alvo, ao praticar uma campanha de contrapropaganda contra um ator adverso, não deveria se utilizar de mentiras e argumentos falaciosos para tentar redirecionar a percepção do receptor, pois caso essa campanha seja mal executada, tende, em realidade, reforçar o conteúdo da propaganda original.

Como a manipulação de pessoas é uma ferramenta diretamente associada a interesses da espionagem, como visto, não se pode escapar do fato de que, portanto, propaganda e contrapropaganda são assunto de interesse da Atividade de Inteligência.

Um pouco mais complicado é falar de desinformação, ainda mais nos dias atuais, depois que o mundo passou a estar nas palmas das mãos com um simples *smartphone* conectado à internet.

O sufixo "des", na língua portuguesa, significa uma negação, o que nos levaria a dizer não informação, ou seja, binariamente falando, uma informação que não é na verdade uma informação, e que, em algum sentido, se presta a desorientar a percepção de realidade do receptor.

Abordar uma diferenciação em relação ao conceito do termo desinformação, sob o viés da Atividade de Inteligência, encontra um bom exemplo em Pacepa (2009, p. 69), para quem a questão seria mais profunda, considerando que, até por volta dos anos 2000, a maioria dos políticos, dos intelectuais do mundo acadêmico e da mídia acreditavam que isso era só um fenômeno obsoleto da Guerra Fria.

Pacepa afirma que, até meados da década de 1980, o termo nem era listado em dicionários e que representava meramente a ideia de que desinformação seria o sinônimo de uma má informação ou de informar mal. A despeito da real acepção ontológica da palavra, com uma visão anticomunista, o exemplo a seguir mostra-se bastante interessante:

> O ato de informar mal é uma ferramenta oficial de governo reconhecível enquanto tal. Desinformar[...] é uma ferramenta secreta da inteligência[...] [para] outorgar[...] chancela[...] a mentiras do governo. Imaginemos que a FSB[...] fabricou alguns documentos como suposta prova de que as forças[...] americanas estavam a seguir ordens específicas para minar casas[...] muçulmanas em seus ataques à bomba à Líbia. Se um informe sobre esses documentos fosse publicado em um canal oficial de notícias russo, seria má informação, e as pessoas no Ocidente[...] tomá-la como um pé atrás[...] vendo-a como uma propaganda rotineira de Moscou. Se, por outro lado, esse material fosse tornado público na mídia ocidental e atribuído a alguma organização ocidental, seria desinformação e a credibilidade da notícia seria substancialmente maior.

No idioma inglês, há uma diferenciação de palavras afetas ao radical *information*, associada ao conceito de *information disorder*, que poderia ser traduzido como uma desordem informacional, e permite uma interpretação mais abrangente quanto à utilização da palavra *disinformation*, a depender do contexto e do fato em si, no que tange ao grau de dolo que se deseja praticar ao disseminar algo, ou somente de culpa, pela divulgação incorreta de uma notícia, por exemplo.

TRÊS CATEGORIAS DE DESORDEM INFORMACIONAL

Para compreender e estudar a complexidade do ecossistema de informação, é necessária uma linguagem comum. A atual dependência de termos simplistas, como "notícias falsas" (*Fake News*), esconde distinções importantes e atinge, inclusive, o jornalismo.
Este problema tem como centro de gravidade o que seria a dicotomia entre o "verdadeiro" ou o "falso"; enquanto a desordem informacional representa aspectos além do conceito de "enganoso".

FALSIDADE

INTENÇÃO DE PREJUDICAR

Misinformation
"Desinformação"
Erros não intencionais, como legendas, datas, estatísticas ou traduções incorretas. Pode compreender situações de ironia ou de interpretação própria.

Disinformation
"Desinformação"
Conteúdo fabricado ou deliberadamente manipulado, com intenção de criar teorias da conspiração ou rumores/boatos.

Malinformation
"Informação Má"
Publicação deliberada de informações privadas de cunho pessoal ou de uma empresa, como fotos de nudez ou de intimidade, a partir de um conteúdo genuíno, com possíveis alterações de contexto, com propósito maldoso e de vingança.

Fonte original da imagem: https://www.researchgate.net/figure/Categorization-of-Information-Disorder_ fig1_352887207. Acesso em: 16 nov. 2023. (Conteúdo traduzido e editado pelo autor.)

No português, verifica-se uma dificuldade para encontrar a diferenciação na tradução entre as palavras *misinformation* e *disinformation* e, ao que tudo indica, em qualquer contexto de utilização menos atenta à questão se transforma em desinformação; enquanto para *malinformation* talvez se poderia utilizar a tradução nua e crua de informação má ou informação maldosa, que se aproxima da intenção de causar dolo contra um alvo.

Dentre as três categorias, o cerne da questão é tentar entender o grau de dano (dolo) que um ator deseja contra um alvo ao fabricar e deliberadamente divulgar um fato cujo conteúdo pode ter sido manipulado, um factoide, uma fotografia comprometedora, às vezes um comentário em rede social, enfim algum tipo de mensagem que possui certamente um propósito específico para atingir um alvo no contexto de um determinado público que receberá essa mensagem.

No contexto brasileiro, a palavra desinformação, quando empregada, é costumeiramente associada como prima ou sósia do que hoje se convencionou chamar de *fake news*, ou seja, notícia falsa, o que, como se percebeu anteriormente, o contexto de utilização de *fake news* necessitaria ser estudado a cada situação, para verificar em qual das três categorias de *information disorder* se encaixaria.

O ambiente tóxico da pandemia de COVID-19, seguido do conflito militar na Ucrânia e agora dos conflitos na Faixa de Gaza, em um mundo cada vez mais bipolarizado na arena política, só fazem explodir nas redes sociais notícias, reportagens e manchetes de jornais que para qualquer um do lado adversário, sem prévia análise, já recebe o rótulo de *fake news*.

Como a realidade é uma questão de percepção, seria impensável, nos idos de 2014, acreditar na noção de que a inteligência artificial seria capaz de criar imagens falsas a ponto de serem consideradas, naquela época, como tão reais e impossíveis de se distinguir da original (ZEGART, 2022).

Porém, passados quase dez anos, o que vemos hoje com as *deep fake*, que envenenam as redes sociais, é que já não sabemos mais o que é uma imagem ou uma voz real de uma determinada pessoa ou de seu avatar.

Considera-se importante que os jovens estudantes da Geração Z participem, por exemplo, do debate político acerca do conflito militar na Faixa de Gaza nas redes sociais e nas plataformas que congregam alunos universitários. Todavia, a problemática no debate sadio resvala na questão de que alunos com perfis falsos nas redes sociais insuflam palavras que apresentam nítida intenção de não debater, mas sim de proclamar o discurso de ódio entre partes antagônicas no ambiente acadêmico.

Este foi o resultado de uma investigação divulgada pela revista *Forbes*, que identificou o perfil falso de uma pseudofuncionária da Universidade da Pensilvânia, que se apresenta como *cultural anthropologist*, detentora de um título de PhD, inclusive.[163]

Embora esteja inserida no contexto de grupos de comunicação com alunos da universidade, além de seus mais de 2.000 amigos no Facebook, essa pessoa, suposta funcionária da universidade, na verdade não existe e se utiliza dessa máscara para expor opiniões que levam o problema aos extremos.

A bem da verdade, esse é só mais um exemplo do uso de perfil falso em redes sociais, como LinkedIn, Instagram e Twitter, agora X, em uma nova dimensão na tentativa de influenciar ou enganar pessoas.

Acredita-se que seja chegada a hora de preparar para atracar o navio em um porto seguro, depois dessa navegação entre calmarias e ondas fortes que dão vida ao mar da Atividade de Inteligência.

---

163 Artigo da *Forbes* "*Fake Profiles And Anonymous Posts: How Social Media Is Upending College Life During The Israel-Gaza War*". Disponível em: https://www.forbes.com/sites/alexandralevine/2023/11/09/social-media-dividing-colleges-israel-gaza-war-penn-harvard-facebook/?sh=7bbe4f9519b1. Acesso em: 3 dez. 2023.

CONCLUSÃO

Fazer Inteligência e Contrainteligência em prol de interesses legítimos não é trabalho para amadores ou aventureiros. É trabalho para pessoas centradas, honestas e que não se deixam levar por teorias da conspiração.

Um decisor, seja ele um agente público ou um empresário, necessita de conhecimentos sólidos para que esteja preparado, a fim de tomar decisões sobre os destinos de sua organização ou empresa, razão pela qual o papel de um analista que saiba assessorar corretamente é preponderante.

A Atividade de Inteligência está incrustada nas estruturas do Estado, de maneira indissociável, e deve ser conduzida em proveito dos interesses do Estado e não do governo, razão pela qual, a despeito das dificuldades inerentes, é fundamental o controle por membros eleitos pelo povo para representá-lo no parlamento.

Os exemplos, fatos e considerações introjetadas ao longo do que foi visto permitem acreditar que houve um transbordo para o setor privado de habilidades pessoais e de recursos técnicos, em especial após o fim da Guerra Fria [1.0], os quais foram desenvolvidos preliminarmente para a Atividade de Inteligência estatal; até mesmo porque são empresas privadas que têm demonstrado capacidades avançadas de pesquisas e desenvolvimentos de equipamentos, sistemas e processos que são ofertados aos serviços estatais, mas que podem ser empregados em proveito também nas organizações privadas.

Aceito o pressuposto da existência de uma espionagem de quarta geração, em um ambiente de disputas acirradas entre países, às vésperas de uma Guerra Fria 2.0, o que permite afirmar que tais escaramuças se estendam para empresas globais e, consequentemente, para suas cadeias logísticas de suprimentos de matérias-primas e de serviços, faz-se mister que as empresas estejam preparadas para se contraporem às eventuais ameaças.

Na era dos ciberataques e da ciberespionagem, a pólvora e os sósias de James Bond estão sendo substituídos por bits e bytes, programados não só por grupos criminosos, mas também por organizações, sejam elas privadas ou estatais, com interesses adversos contra um Estado ou uma empresa. Escondidos e camuflados, cibercriminosos e ciberespiões podem atacar e sabotar infraestruturas críticas e corporações, por meio de ações com requintes de planejamento militar; o que aponta, no horizonte próximo, para um ambiente com novos adornos conflituosos e, porque não dizer, até mesmo belicosos.

Constata-se a existência no mercado corporativo brasileiro de uma lacuna nos planejamentos estratégicos e operacionais das empresas em relação a agregarem as utilidades que a inteligência e a contrainteligência proporcionam nos processos destinados ao estabelecimento de estratégias de negócios.

Por este motivo, espera-se que este livro possa contribuir para a melhor capacitação dos interessados em atuar neste setor, bem como apoiar os gestores de segurança na árdua missão de proteger os conhecimentos mais sensíveis de suas organizações.

Lidar com vulnerabilidades internas é um desafio constante, o que pressupõe que rotinas de diagnósticos ou de *assessment* do ambiente de negócio sejam conduzidas com o intuito de fortalecer as estruturas de segurança e, assim, mitigar riscos e estar apto à antecipação a crises.

Outro propósito das linhas aqui escritas foi o de tentar desmistificar a problemática da espionagem e dar alguma atenção para as operações de engano (*deception*) em consonância com uma desordem informacional reinante.

É fato que a espionagem é uma conduta delituosa, praticada com os propósitos a que se destinam por quem decide por este caminho tortuoso desde tempos da Antiguidade; entretanto, nem sempre aparente aos olhos mesmo dos mais atentos a combatê-la.

Por isso, se a pergunta "o que fazer se sua empresa descobrir que está sendo espionada?" é de difícil resposta, imagine, então, responder à seguinte indagação: "como descobrir que sua empresa foi ou está sendo espionada?".

De tudo o que foi visto, por mais que novas tecnologias surjam e, certamente surgirão em breve, estejam ao alcance de todos, a inteligência e a contrainteligência aqui descritas não serão artificiais, pois continuaremos a tratar de seres humanos.

BIBLIOGRAFIA

1. BENCIE, Luke. *Among Enemies Counter-Espionage for the Business Traveler*. EUA: Mountain Lake Press, 2013.

2. BENNETT, Richard M. *Espionage an Encyclopedia of Spies and Secrets*. London: Virgin Books, 2002.

3. BEARDEN, Milt; RISEN, James. *O grande inimigo*. Rio de Janeiro: Objetiva, 2003.

4. CAVALCANTE, Vinicius. *Espionagem corporativa*. Brasil: Revista Segurança & Defesa, 2021, n. 142.

5. CEPIK, Marco. *Espionagem e democracia*. 2. ed. Belo Horizonte: Parabellum, 2023.

6. CHUNZHI, Liu; CHENGHU, Zhu. *The Art of War by Sun Zi*. Beijing: Universidade de Defesa Nacional da China, 2006.

7. CLARK, Robert M.; MITCHELL, William L. *Deception Counterdeception and Counterintelligence*. Washington, DC: CQ Press, 2019.

8. DIOGO, J. Manuel. *As grandes agências secretas*. São Paulo: Via Leitura, 2013.

9. FABRE, Cécile. *Spying Through a Glass Darkly*. Oxford: Oxford University Press, 2022.

10. FALIGOT, Roger. *O serviço secreto chinês.* São Paulo: Larousse do Brasil, 2010.

11. FERNANDES, F. do Carmo. *Inteligência e gestão estratégica:* uma relação sinérgica. Revista Brasileira de Inteligência. Brasília: Abin, n. 7, jul. 2012. Disponível em: <https://www.sagres.org.br/artigos/relacao_sinergica.pdf>. Acesso em: 25 out. 2023.

12. FIGUEIREDO, Lucas. *Ministério do silêncio.* Rio de Janeiro: Record, 2005.

13. GONÇALVES, J. Brito. *Políticos e espiões.* Rio de Janeiro: Impetus, 2010.

14. GREY, Stephen. *The New Spy Masters.* New York: St. Martin's Press, 2015.

15. HANNAS, William C.; MULVENON, James; PUGLISI, Anna B. *Chinese Industrial Espionage.* Asian Security Studies, Taylor and Francis, 2013. Edição Kindle.

16. HASSAN, Nihad A; HIJAZI, Rami. *Open-Source Intelligence:* Methods and tools. New York: Springer Science Business Media, 2018.

17. JAVERS, Eamon. *Broker, Trader, Lawyer, SPY:* The Secret World of Corporate Espionage. New York: HarperCollins Publishers, 2010.

18. JIRNOV, Serguei; WAROUX, François. *KGB DGSE 2 espions face à face.* Mareuil Éditions, 2021.

19. JOHNSON William R. *Thwarting Enemies at Home and Abroad. How to be a Counterintelligence Officer,* Washington D.C.: Georgetown University Press, 2009.

20. LONDON, Douglas. *The Recruiter.* New York: Hachette Book Group, 2021.

21. MARCIAL, E. Coutinho; GRUMBACH, R. J. dos Santos. *Cenários prospectivos.* 5. ed. Rio de Janeiro: FGV, 2008.

22. MATTIS, Peter; BRAZIL, Matthew. *Chinese Communist Espionage.* Maryland: Naval Institute Press, 2019.

23. MEIER, Barry. *Spooked the Secret Rise of Private Spies.* Londres: Sceptre, 2021.

24. NASHERI, Hedieh. *Economic Espionage and Industrial Spying.* Cambridge University Press, 2005. Edição Kindle.

25. NOLAN, John. *Confidencial.* Nova York: HaperCollins Publishers, 1999.

26. OLSON, James M. *To Catch a SPY: The Art of Counterintelligence.* Washington DC: Georgetown University Press, 2019.

27. OSTROVSKY, Victor; HOY, Claire. *As marcas da decepção.* São Paulo: Página Aberta, 1992.

28. PACEPA, I. Mihai; RYCHLAK, R. J. *Desinformação.* Campinas/SP: CEDET - Centro de Desenvolvimento Profissional e Tecnológico, 2009.

29. PATTON, Anthony C. *SPY mindset: The Business of Intelligence.* Coppell, TX: Double Agent Publishing, 2022.

30. POOLEY, James. *Secrets*: Managing Information Assets in the Age of Cyberespionage. California: Verus Press, 2015. Edição Kindle.

31. PRUNCKUN, Hank. *Counterintelligence Theory and Practice.* Maryland: Rowman & Littlefield Publishers, 2019. Edição Kindle.

32. SEAMAN, Jim. *Protective Security.* Castleford, UK: Apress Media LLC, 2021.

33. SHORROCK, Tim. *Spies for Hire:* The Secret World of Intelligence Outsourcing. New York: Simon & Schuster, 2008.

34. TALEB, N. N. *A lógica do cisne negro.* Rio de Janeiro: Best Seller, 2008.

35. WALTON, Calder. *SPIES: The EPIC INTELLIGENCE WAR BETWEEN EAST and WEST.* New York: Simon & Schuster, 2023.

36. WARMKA, Peter. *Confessions of a CIA Spy.* EUA: Library of Congress, 2021.

37. WINKLER, Ira. *Corporate Espionage.* EUA: Prima Publishing, 1997.

38. WOLOSZYN, A. Luís. *Guerra nas sombras.* São Paulo: Contexto, 2013.

39. ZEGART, Amy B. *Spies, Lies and Algorithms.* Princeton, NJ: Princeton University Press, 2022.